U0508245

科学体能训练与康复研究

吉顺龙　李合生　于世辉　著

延边大学出版社

图书在版编目（CIP）数据

科学体能训练与康复研究 / 吉顺龙，李合生，于世辉著. -- 延吉 ：延边大学出版社，2022.10

ISBN 978-7-230-04091-4

Ⅰ. ①科… Ⅱ. ①吉… ②李… ③于… Ⅲ. ①体育运动－运动训练－康复训练－研究 Ⅳ. ①G808.1②R493

中国版本图书馆CIP数据核字(2022)第200378号

科学体能训练与康复研究

著　　者：吉顺龙　李合生　于世辉
责任编辑：具红光
封面设计：金世达
出版发行：延边大学出版社
社　　址：吉林省延吉市公园路977号　　　邮　　编：133002
网　　址：http://www.ydcbs.com　　　　E-mail：ydcbs@ydcbs.com
电　　话：0433-2732435　　　　　　　传　　真：0433-2732434
印　　刷：天津市天玺印务有限公司
开　　本：787×1092　1/16
印　　张：10
字　　数：200 千字
版　　次：2022 年 10 月 第 1 版
印　　次：2024 年 3 月 第 2 次印刷
书　　号：ISBN 978-7-230-04091-4

定价：58.00元

前　　言

　　科学体能训练与康复是高等学校对大学生进行体育教育、促进其全面发展的重要手段，本书对科学体能训练的关键要素、功能性训练、伤病预防与康复锻炼等内容进行了介绍，旨在通过体能科学化训练，提升学生体能。本书以《全国普通高等学校体育课程教学指导纲要》及《国家学生体质健康标准（2014 年修订）》为依据，吸收了近年来体育学科的研究成果，以合理性、教育性、知识性、发展性为原则编写而成。在教材内容选择上以提高运动能力，促进身心健康，提升康复水平为主线，并汲取实际训练经验和国内外先进体育训练的理论与方法，突出培养学生体能素质和注重学生身心健康的思想。另外，本书重视内容体系的思想性、科学性和实用性，使之成为一本集体能训练、损伤康复等内容于一体，具有一定特色的高等院校体能训练理论教材。

　　与此同时，笔者在编排教材结构体系时注意到，当前全国大力促进体育事业发展，弘扬中华体育精神，赋予了体能训练课程转变体能训练理念、推进素质教育、提高学生身心健康水平、培养适应现代化建设需求的新型人才的重任。另外，本书也注意到学生对体能训练和康复锻炼的实际需要，涵盖了普通高等学校体能训练与康复训练所需的内容，以满足学生的需要。

笔者

2022 年 8 月

目　　录

第一章 科学体能训练关键要素

第一节 体能训练负荷要素

"负荷"一词使用较为广泛，相较于动力、机械、电力学中有关负荷量的概念，体能训练学中有关运动负荷、运动负荷量、运动负荷强度的概念则不够准确。例如，体能训练中运动负荷量和负荷强度的概念就显得不够严谨，甚至有重复的内容。如果把负荷量和负荷强度放到同一层次，它们的逻辑关系则不够合理。本节主要针对上述概念进行分析。

一、训练负荷

训练负荷是指在体育训练活动中，各种训练施加于受训者生理和心理的刺激。训练负荷既影响人体的生理活动，也影响人体的心理活动，会引起受训者生理状态和心理状态的变化。受训者对训练负荷刺激的反应表现在生理和心理两个方面，前者称为生理负荷，后者称为心理负荷。在没有训练刺激的情况下，人体的生长、发育、衰老、死亡过程是按其固有规律进行的，而训练刺激会影响人体的自然发展过程，从而导致人体的机能发生定向的变化。体能训练通过施加训练负荷改造受训者的身体，提高和发展他们的身心能力，并且以培养受训者机体适应能力为主的定向改造也必须在训练负荷的影响下才有可能实现。所以说，训练负荷是体育训练活动必不可少的构成因素。

一些学者对训练负荷的解释是，训练负荷是以身体练习为基本手段，对受训者有机体施加的训练刺激，训练负荷由负荷量和负荷强度两个因素构成。但其中未对负荷量、负荷强度这两个常见的概念进行解释，只是对负荷量和负荷强度的内涵进行了解释：组成负荷量因素中的时间是指练习所占用的时间；次数是指练习动作的数量或组数；总距离是指周期性线性运动的距离累积数；总重量是指负重训练的重量累积数；组成负荷强度的因素是指练习密度、速度、负重量、高度、远度等运动项目训练中练习的用力程度。

二、训练量

（一）训练量的定义

训练量是训练的主要组成部分之一，它是实现高水平技术、战术的先决条件。训练量有时被错误地认为仅仅是指训练的持续时间，但实际上它包含以下内容：①训练时间或持续训练的时间；②行进的总距离或抗阻训练的总重量（即训练负荷＝组数×重复次数×重量）；③受训者在规定时间内完成一项练习或技术动作的重复次数。

训练量的定义可以简单理解为受训者在训练中完成活动的总量。训练量也可以看作受训者在一次训练课或一个训练阶段完成训练的总量。训练总量必须是量化的指标，具有可监控性。训练量因运动项目或活动类型而异。例如，在耐力运动项目中，训练量的单位是训练经过的距离；在举重或抗阻训练中，采用千克或吨位制（训练负荷＝组数×重复次数×重量）作为训练量的单位，这是因为仅考虑重复次数不能合理地评价受训者完成的训练任务。重复次数也可以用来推算运动中的训练量。几乎所有的运动都包含时间要素，但训练量应包括时间和距离两个要素。

（二）训练量的计算方法

训练量的计算方法按照时间要素可以划分为以下两种。一种是相对训练量，指一次训练课或训练阶段中一组受训者训练时间的总数。相对训练量不适用于计算单个受训者的训练量，因为无法得知单位时间内某一位受训者的训练量。另一种更好的衡量单个受训者训练量的方法是绝对训练量，它是指受训者在单位时间内完成训练任务的总量。

在受训者训练过程中要不断增加训练量，增加训练量是受训者产生生理适应并提高训练成绩的前提。将初训者与高水平受训者进行比较后明显发现，高水平受训者能承受更大的训练量。

研究表明，只要不是过度训练，在训练中尽可能多地增加训练次数也非常重要。另外有一些研究人员明确表示，训练频率越高，越易产生更好的训练适应效果。受训者的恢复能力是决定训练计划中训练量的主要因素。高水平受训者之所以能承受更大的训练量，是因为他们能更快地从训练负荷中恢复过来。

三、训练强度

（一）训练强度的定义

训练强度是影响受训者完成高质量训练的另一个重要因素，因此可将训练强度定义为与功率输出（即能量消耗或单位时间内做的功）、对抗力量或发展速度有关的训练要素。根据这个定义，受训者在单位时间内做功越多，训练强度就越大。训练强度与神经肌肉的激活程度有关，训练强度越大（如更大的功率输出、更大的外部负荷），神经肌肉被激活的程度就越高。神经肌肉激活程度取决于以下四个要素：外部负荷、运动速度、疲劳程度及训练类型。训练强度也与受训者训练时的心理紧张程度有关。就受训者训练时的心理活动而言，哪怕是低水平的心理紧张，也会极大地提高训练强度，从而导致受训者产生心理压力。

训练强度的量化方式可以根据训练类型和训练项目而定。例如，速度训练通常用米/秒、次/分或功率输出（瓦特）来进行量化评定；在抗阻训练中，训练强度一般以千克为单位（克服重力每米举起的重量或功率输出）来进行量化评定；在集体训练时，训练强度通常用平均心率、无氧运动心率或最大心率的百分比来进行量化评定。

（二）训练强度评定

在年度训练计划的各个不同阶段应采用不同的训练强度，特别是在小周期阶段。可以采用多种方法来量化和确定训练强度。抗阻练习或高速度练习的训练强度可用最佳训练成绩的百分比来量化，这时，最佳成绩意味着最大运动强度。例如，一名受训者在10秒内完成100米冲刺，其速度则是10米/秒。如果这名受训者能以更快的速度跑完更短的距离（如速度为10.2米/秒），其训练强度则被认为是超大强度，因为它已经超越了要求的最快速度。

在训练强度的分级中，用大于最大负荷的 105% 的阻力负荷完成的训练很有可能是等长运动或离心运动，因此这种训练强度被视为超大强度。在耐力训练中（如 5 000 米～10 000 米跑），受训者可以用更快的速度跑完稍短的距离，因此可以使训练强度达到平均速度的 125%。

另一种评定训练强度的方法是根据训练中应用的主要能量供应系统。根据不同类型训练引起的生理反应可以将训练强度分为 6 个等级。

（1）第一训练强度区

该强度区的训练几乎完全依赖无氧代谢，且运动持续时间为 6 秒（如抓举、挺举、推铅球）。最大功率输出是该强度区的特点，因此这个强度区的训练被认为是最大强度的训练。这一强度区的训练强度实际上高于受训者的最大摄氧量，因此要求在这个强度区的任何训练都以无氧供能为主。在这个强度区，磷酸原系统（ATP-CP）是主要的能量供应系统。磷酸原系统能为受训者在短时间、大强度的运动中提供能量，该系统依赖肌肉存储的三磷酸腺苷（ATP）和磷酸肌酸（PCr）的化学反应。由于有氧供能机制无法满足快速供能的需要，机体通过无氧供能为剧烈运动提供能量，导致体内出现大量氧亏现象。训练结束后，机体内 ATP 和 PCr 储备逐渐恢复到正常水平，这一阶段机体消耗的氧量被称为运动后过量氧耗（EPOC）。受训者在这个强度区的训练成绩通常受肌肉的 ATP 和 PCr 存储量的限制。

（2）第二训练强度区

这是一个高强度区，同样几乎完全依赖无氧供能，且运动持续时间为 6～30 秒（如100 米冲刺和 200 米冲刺）。这个强度区同第一训练强度区一样，能量供给的速度必须非常快，有氧供能机制无法满足受训者的需求。因此，可通过结合 ATP-CP 系统和快速糖酵解为受训者提供能量。肌肉存储的 ATP 分解得非常快，必须同时使用 PCr 维持能量供应。在高强度训练的前 10 秒，PCr 维持 ATP 供给的能力减少 50%，到第 30 秒时 PCr 对 ATP 的供给作用已微乎其微。因此，随着这一强度区的训练从 10 秒持续到 30 秒，机体对血糖和肌肉储存糖原的依赖逐渐增加。由于机体对快速糖酵解的依赖性增强，乳酸堆积大量增加。乳酸堆积增加后，该强度区的训练可能导致受训者训练后出现过量氧耗现象。

（3）第三训练强度区

训练持续时间为30秒至2分钟（如400米跑、800米跑），被认为是较高强度训练。这些训练主要依赖无氧供能，特别是快速和慢速糖酵解。当训练持续时间从30秒转变为2分钟时，将激活慢速糖酵解。该强度区的训练是高速度和高强度运动耐力（HIEE）训练。这些项目的持续时间和训练强度导致机体新陈代谢旺盛，最终导致乳酸大量堆积。在这个强度区，最有可能限制训练成绩的因素是肌肉内ATP、PCr及肌糖原的储量。乳酸堆积也可能是影响训练成绩的因素之一。

（4）第四训练强度区

训练持续时间为2~3分钟。这个强度区的训练强度被认为是中等强度，主要依赖慢速糖酵解及有氧代谢供能。该强度区的供能特点是机体的能量供给由依赖无氧机制逐渐过渡到依赖有氧机制。该强度区的大部分训练对无氧供能系统和有氧供能系统的依赖程度相同。

（5）第五训练强度区

训练的持续时间为3~30分钟（如1 500米赛跑）。该强度区的训练主要依赖有氧供能系统，属于较低强度的训练。在该强度区，强健的心血管系统至关重要，因为氧气供应在有氧供能过程中起着关键作用。对于该强度区的训练项目，尤其是持续时间较长的项目，受训者要运用"节奏策略"，以取得最佳成绩。在这些训练项目中，能量供给（如肌糖原和肝糖原、脂肪储存）是影响训练成绩的主要因素。

（6）第六训练强度区

最后一个强度区的训练通常被认为是低强度的训练，这些训练主要依靠有氧代谢。研究表明，最大摄氧量水平为最大无氧训练中达到的最大功率输出的25%~35%。这些训练依赖强劲的心血管系统和理想的有氧供能系统，能量供应是限制训练成绩的主要因素。随着训练持续时间的增加，机体可利用的肌糖原逐渐减少，最终导致血糖浓度降低，要燃烧脂肪提供能量。糖原耗尽后，维持训练强度变得越来越困难。因此，受训者在训练中摄入碳水化合物对于维持训练能力非常重要。

在进行耐力训练时，组训者应考虑用心率作为衡量训练强度的指标。当训练负荷和氧气消耗增加，机体心率也直线上升。由于这种紧密的关系，人们常用心率衡量有氧运动的强度。为使基于心率的训练效果达到最佳，应采用分级运动测试来确定受训者的最大心率、无氧阈值、乳酸阈值和最大摄氧量。尽管根据年龄预测最大心率不如分级运动测试精准，但它也可用来估测受训者的最大心率（最大心率＝220－年龄）。

确定最大心率后，可根据心率确定训练区域。有研究者认为：个体无氧阈值（IAT）是确定基础心率和发展心率训练区域的重要指标。基础训练区的作用是在有氧环境下增强人的体能，而发展训练区是用于提高人体对乳酸的耐受力。人的发展训练区一般用IAT－5次/分到IAT＋5次/分进行计算,如IAT为170的受训者的发展训练区就是165～175次/分。高强度训练虽然能取得很大的进步，但人体产生的适应性较不稳定。稳定性越差，越易产生过度训练和运动成绩不稳定现象。相反，低强度的训练负荷会导致受训者进步缓慢且对生理适应的刺激较小，但整个过程却更稳定。训练计划应该系统地改变训练量及训练强度，以使受训者达到最佳的生理适应状态。

总之，训练过程中的基本原则就是要平衡训练量与训练强度的关系，两者的相互作用是周期训练计划的基础。在周期训练中，要提高训练成绩必须控制训练量和训练强度的变化。在大多数情况下，训练量与训练强度成反比，即训练强度达到最高时，训练量通常较低。在训练中，改变训练强度和训练量会产生不同的生理性适应和运动能力适应。

训练量与训练强度的关系会因年度训练计划各训练阶段的侧重点不同而发生变化。许多训练项目中的变化包括时间调整或对技术、战术、身体训练的调整。例如，在训练准备的早期阶段，通常运用大负荷训练来重点进行身体训练。大负荷训练可通过增加训练量和减小训练强度来完成。在这个训练阶段取得进步后，受训者身体训练的训练量逐渐减少，而训练强度不断增加。与此同时，受训者会把重点放在技术和战术训练上。当训练负荷非常大时，受训者会因疲劳累积而使训练状态不佳。受训者如果一直接受大训练量的训练，尽管身体素质能提高，但不会达到最佳的身体状态。但是，如果没有增加训练强度，受训者就会以低于考核所需的训练强度不断进行训练。为了提高训练成绩，就要加大训练强度，减少训练负荷量。

确定最佳训练负荷需要结合训练量和训练强度，这是一项复杂的工作，要考虑多种因素，如训练项目特征、年度训练计划的阶段及受训者的发展水平等。量化评价是比较有效的方法，主要方法之一就是通过所做功的总量、动作、重复次数及经过的距离来确定训练量；另一种方法是通过某一节训练课的持续时间来评估或统计某一技术的重复次数，以此对训练量进行量化处理。在这些训练项目中，受训者完成练习的速度和平均心率也可用来评估训练强度。

四、训练密度

训练密度是单位时间内受训者接受训练的频率。训练密度体现了单位时间内训练与恢复的关系——训练密度越大，各个训练阶段间的恢复时间就越少。随着训练密度的增加，受训者和组训者必须平衡训练与休息的关系，避免引起过度疲劳，因为这些都会导致过度训练。

量化多次训练课（如一个训练日或小周期）所需的最佳时间量非常困难，因为受训者的恢复速度受多种因素影响。在下一次训练开始之前，本次训练的训练强度和训练量对确定所需的恢复时间起主要作用。训练的负荷（即训练强度和训练量）越大，所需的恢复时间就越长。此外，受训者的训练状况、实际年龄、使用的营养干预及恢复干预都会影响运动员的恢复能力。在下一次训练开始之前，不需要从上一次训练中完全恢复，一般通过增加训练密度，并在训练日或小周期中通过不同负荷的训练来促进其恢复。

例如，在耐力训练或间隔训练中，通常有两种确定"训练—休息"间隔的方法。

（1）固定的"训练—恢复"比率

部分研究人员在研究间隔训练时运用了这一方法，通过控制休息的间隔，组训者和受训者能够制定发展特定生物能量适应的训练计划。例如，用 2∶1 的"训练—休息"比率来发展耐力项目，用 1∶12 或 1∶20 的"训练—休息"比率来发展力量和功率性项目。

（2）预设心率

另一种方法是在下一次训练开始前确定受训者必须达到的心率。方法一，为下一次训练设定心率范围（120～130 次/分）；方法二，设定恢复时间，即受训者的心率恢复到最大值的 65%所需的时间。

可以通过量化相对训练密度来算出一次训练课的训练密度，公式如下：

$$相对密度 = \frac{绝对训练量}{相对训练量} \times 100\%$$

绝对训练量是受训者个体的做功总量，而相对训练量是一次训练课的做功总时间

（持续时间）。假设绝对训练量是 102 分钟，相对训练量是 120 分钟，那么训练课的相对密度为：

$$相对密度=\frac{102}{120}\times100\%=85\%$$

计算出的百分比表示受训者有 85%的时间在训练。相对密度虽然对受训者与组训者有一定的参考价值，但训练的绝对密度更加重要。绝对密度是受训者完成的有效训练与绝对训练量的比。绝对密度或有效训练可以用绝对训练量减去休息时间量来计算。具体计算公式如下：

$$相对密度=\frac{(102-26)}{102}\times100\%=74.5\%$$

上述计算表明训练的绝对密度是 74.5%。因为训练密度是训练强度的要素之一，所以这个绝对密度属于中等训练强度。确定训练的相对密度与绝对密度有助于提高训练的效率。

五、复杂性

复杂性是指一项技能的完善程度及生物力学难度。在训练时，技术越复杂就越容易增加训练强度。与掌握基本技能相比，受训者学习一项复杂的技能可能需要更多的训练，尤其当受训者神经肌肉协调性差或在学习的过程中精力不能完全集中时。让之前没有复杂技术训练经历的一群人参加该项训练，他们可以迅速地分辨出哪些受训者表现好，哪些受训者表现差。因此，运动或技能越复杂，受训者的个体差异与力学效率差别就越大。

即使以前已经学会了的复杂技术，受训者也会产生生理上的压力。有学者对足球运动员的研究表明，完成战术训练比完成技术训练的心率和乳酸堆积要高。在该项研究中，训练的技术部分是在没有对手的情况下进行技术练习。而在战术训练中，对手的存在明显增加了训练的复杂性，因此运动员的心率和乳酸堆积也会增加。此外，在进行模拟比赛时，同样会出现上述反应，但只有在实际比赛中才会产生最大心率及达到最高乳酸水平。由此可见，组训者在技术较为复杂的训练或活动中应考虑到不同训练给受训者带来的生理压力。

六、总体需求指数

训练量、训练强度、训练密度及复杂性都会影响受训者的总需求。虽然这些因素相辅相成，但强调其中任何一种因素而不相应地调整其他因素，都可能增加受训者的总体需求。例如，在进行高强度耐力训练时，如果组训者想保持同样的运动强度，则应增加训练量。

训练计划和指导的主要内容是合理安排训练量、训练强度和训练密度。组训者必须着重分析这些要素的变化曲线，尤其是训练量和训练强度。还应考虑到受训者的适应反应、训练阶段以及比赛的时间安排（赛程表）。科学地搭配训练要素可以让受训者在预计的时间内达到最佳的训练效果，并获得最佳的竞技能力。

一项训练计划的总需求可以用训练的总需求指数来表示，总需求指数可通过以下公式来计算：

$$总需求指数＝\frac{OI×AD×AV}{100}×100\%$$

其中，OI 为总强度或极强度；AD 为绝对密度；AV 为绝对训练量。

假设 OI（总训练强度）是 63.8%，AD（绝对训练密度）是 74.5%，AV（绝对训练量）是 102 分钟，代入以上公式即可得出总需求指数：

$$总需求指数＝\frac{63.8\%×74.5\%×102}{100}×100\%＝48.5\%$$

在这个例子中，训练的总需求指数很低，略低于 50 %。

第二节　体能训练恢复要素

为了帮助受训者不断突破自身生理和心理的极限，使训练适应达到最大化，必须使其训练、比赛（或考核）和恢复达到平衡。可以说，训练、比赛（或考核）中的压力与恢复相平衡，对于受训者达到最佳准备状态至关重要。

在受训者为训练或比赛做准备时，组训者必须考虑体能和疲劳状态之间的关系，因为这会极大地影响受训者的准备状态。当受训者进行大运动量或高强度训练时，体能增强，同时疲劳程度也在增加，从而使准备状态水平降低。如果受训者能在保持体能不变的情况下消除疲劳，那么将从本质上提高准备状态和竞技状态的水平。

提高受训者准备状态水平的最好方法是引入恢复与适应训练，这种训练方式是从训练量、训练强度、可选择的训练方式等方面着手，通过设计合乎逻辑的周期训练来实施。这种训练方式会在训练计划中引入适宜的调节方式，让受训者将进入一个减少运动量、降低运动强度和充分休息的阶段，目的是消除疲劳，从而为受训者进行更高水平的竞技运动做准备。

一、疲劳与过度训练

（一）疲劳

疲劳分为两类：急性疲劳和慢性疲劳。急性疲劳一般由专项训练引起，而且与兴奋耦连中止、细胞内外钙离子浓度变化、无机磷酸盐增加、糖原引起的兴奋耦连和肌质网钙离子循环调节下降有关。急性疲劳恢复速度受训练类型和受训者肌纤维类型的影响。慢性疲劳源于身体和心理两方面的双重压力，导致受训者不能从训练刺激中恢复。随之产生的必然结果就是运动能力下降，这与力量减小和力量增长率减缓有关，也可能与能量贮备减少、激素水平的改变、肌质网钙离子调节能力的改变及神经疲劳有关。随着慢性疲劳症状的出现，受训者的恢复能力下降，最终会影响体能训练的效果。

受训者每次训练都有可能引发疲劳症状，通常受训者能在较短时间内恢复。然而，在小周期内进行大运动量和高强度训练，则可视为过量训练或集中负荷训练。如果这种大运动量或高强度的训练持续较长时间，则很可能引起慢性疲劳并导致过度训练。

（二）过度训练

1.过度训练的定义

过度训练是一种训练能力长时期衰减的状态，是训练与非训练压力累积的结果。过度训练与受训者生理上和心理上的不适应有关，主要影响因素有神经功能的改变和紊乱、激素浓度、兴奋-收缩耦连、肌糖原贮备、静息心率、血压、免疫功能、睡眠质量以及情绪等。过量训练后受训者需要一个相对较短的时间来恢复训练能力，而过度训练后训练能力完全恢复则需要数周或数月的时间。过度训练又可分为过度重复性刺激导致的重复性过度训练和长期过度疲劳造成的慢性过度训练。重复性过度训练是中枢神经系统过度运用相同类型运动神经的结果，会导致训练水平的停滞或下滑。相反，慢性过度训练是由于长时间或过于频繁地持续增大训练量、提高训练强度，超过了受训者适应训练刺激的能力。慢性训练过度会导致交感神经系统和副交感神经系统的过度工作。交感神经系统的过度工作可被认为是一个持续的压力反应，而副交感神经系统的过度工作是过度训练的高级阶段，此时神经内分泌系统不起作用。通常很难去描述交感神经系统和副交感神经系统的过度工作状态，因为它们的外在表现有时是一样的。

训练量和训练强度都可成为引发过度训练的刺激因素。例如，力量型和爆发力型受训者太频繁地进行最大强度训练或耐力型受训者进行太多大运动量训练，都会引起过度训练。过度训练的症状会随着训练量和训练强度的增加而变得愈加明显。

2.过度训练的监控和预防

（1）过度训练的监控

7%～20%的受训者有过度训练的情况。由于过度训练是在多种因素的共同作用下形成的，目前还没有明确的可靠指标来识别过度训练。防止过度训练的最好方法是科学地运用训练原理（如周期训练原理），让受训者在综合评价中获益。综合评价指标应包括训练压力、心理因素（如情绪状态）、压力和恢复等生理指标，还应包括受训者在进行训练能力测试时的心理反应等。

评价受训者最简单的方法是建立一个全面的训练日志。根据不同的运动项目，受训者可以在训练日志中记录许多不同的内容，如睡眠质量、体重、静息心率、训练量与训练强度、情绪状态、训练心率和损伤等。训练日志的最大问题是记录过程冗长、乏味，因此受训者常常不能坚持长时间写训练日志。使用电脑记录更容易保存，也更有利于快捷地分析训练日志。

过度训练是一个潜在的难题，主要在于它会产生难以解释的训练能力停滞或衰减状态。监控过度训练的最好方法是运用时间序列分析报表，用简单的图形对选定的训练能力指标的测试结果进行描绘。训练水平测试包含考核结果和专项训练监控测试。另一种监控过度训练的简单方式是追踪受训者休息、训练、恢复时的心率变化。近期的研究表明，与仅用静息值评估训练压力相比，夜间监测心率更准确。可让受训者在夜间穿戴较为便宜的心率监测器，以便于确定其平均夜间心率。夜间监测心率值与训练量一样，将被描绘成含有时间序列的坐标图，使施训者及早辨别出受训者是否处于过度训练状态。

可运用一系列量表去评价受训者的情绪和总体恢复质量。情绪状态量表（Profile of Mood States, POMS）被用来鉴别受训者是否有过度训练的情况。总体恢复质量量表（Total quality Recovery, TQR）是另一种主观评价工具，对于监控过度训练很有用。这一量表强调受训者对疲劳与恢复的感知觉，最终增强受训者的自我恢复意识。尽管情绪状态量表和总体恢复质量量表都是有用的评价工具，但最好把它们作为训练计划中不同小周期的全面测试程序中的一部分。

（2）过度训练的预防

预防过度训练时可采取如下措施。

第一，持续记录训练日志，包括：训练量与强度；训练持续时间；体重变化；睡眠质量等级；训练评价；疾病；损伤。

第二，根据以下因素区别对待，制订个人训练计划：个人训练状态；个人训练需求。

第三，将恢复方法融入周期性训练计划。

第四，运用融入训练计划中的全面测试来监测受训者的身体状态。

第五，通过以下各项来监控受训者的早期训练状况：疲劳；总体恢复质量；情绪改变；心率与血压；睡眠质量；易怒；疾病与损伤的发生率；月经周期（女性受训者）。

第六，免疫学、生物化学等方面的计算参数，如下列各项：睾酮、皮质醇，睾酮与皮质醇浓度比例；儿茶酚胺浓度；免疫系统功能正常的标志。

第七，针对以下几个方面对受训者进行教育：维持满足训练需要的各项营养（如食用碳水化合物含量）；使非训练压力最小化；保持充足睡眠；监控训练和训练成绩参数；识别过度训练的早期迹象；区别过量训练与过度训练的计划周期。

二、恢复

（一）恢复的基本认识

恢复是一个多因素共同作用的过程,要求施训者和受训者双方都了解受训者自身的生理结构,了解训练和恢复干预各自对生理的影响,了解训练和恢复方针相结合对生理的影响。了解这些概念的受训者和施训者可运用恢复干预原理或通过修改训练计划最大限度地改善训练效果。恢复产生于以下几个明显不同的阶段:训练时恢复;训练后恢复;长期恢复。

训练期间的恢复与受训者从事活动的生物能量有关。训练期间产生的疲劳与可利用的磷酸原含量部分相关。剧烈运动使三磷酸腺苷（ATP）的含量减少（不超过45%）,人体会通过磷酸原糖分解和有氧供能系统产生ATP来维持能量消耗。为维持肌肉中ATP贮备,低于5秒的高强度运动可使PCr减少50%～70%,而在力竭性运动中PCr会完全耗尽。大约70%的ATP恢复发生在30秒之内,而ATP完全再合成需要3～5分钟。约84%的PCr贮备在2分钟内可以恢复,89%的PCr贮备在4分钟内可以恢复,而PCr贮备100%恢复需要8分钟。磷酸原的补充主要通过有氧代谢,快速糖酵解有助于高强度训练的恢复。

训练后的恢复发生于训练终止之后,并与代谢产物的消除、能源贮备补给、组织修复相关。停止训练后身体不会立即恢复到静息状态,受训者在训练课后出现过量氧耗现象可充分说明这一点。EPOC的大小由训练时产生的生理失衡程度决定,训练时产生的生理失衡越严重,EPOC越大。轻度有氧训练会产生少量的EPOC,少量的EPOC可在几分钟或几个小时内恢复到训练前的水平。相反,高强度的有氧训练,会导致大量的EPOC产生,需要持续大约38个小时才能恢复到静息状态。以下因素可能会导致训练后耗氧量增加:ATP和PCr再合成;乳酸糖异生作用;乳酸盐氧化供能;血液与肌红蛋白氧含量的恢复;核心温度升高产生的热效应;激素水平和心率升高;换气等其他生理机能的影响。

受训者和组训者特别感兴趣的是肌糖原的恢复,可归因于糖原代谢和运动强度之间的相互作用。有氧训练和无氧训练都能显著减少糖原贮备。训练停止后,肌糖原的恢复与饮食中的碳水化合物含量有直接关系。如果碳水化合物摄入量不足，受训者从训练中恢复的能力就会下降，可能导致过度训练。糖原通常在 20~24 小时内恢复。如果受训者饮食中的碳水化合物含量不足或肌肉过度损伤，肌糖原合成速度就会减慢，从而增加恢复所需的时间。受训者在下一次训练课、比赛或其他需要糖原的身体活动之前并不会总有 24 小时的时间来恢复。因此，受训者必须保持足够的碳水化合物摄入量，并在训练后 2 小时内通过饮食来补充碳水化合物，从而使肌糖原更快、更好地恢复。

长时间的恢复是制订合理的周期训练计划的一部分，能产生超量恢复效果。长时间的恢复随着周期训练的开展而达到顶点。训练刺激越大，疲劳积累和体能的发展越显著，二者相互对立，因而会降低受训者的准备状态水平。当受训者的训练量或训练强度突然增加，疲劳的累积将导致运动成绩显著下降。如果受训者再进行正常训练，训练水平会显著提高，在某些情形下还可能出现超量恢复现象。其他可能延迟训练效果的因素有训练计划的设计、受训者的训练状态、恢复手段的实施和饮食摄入等。

（二）恢复的影响因素

训练中，受训者的恢复能力和对训练或超长时间训练的反应受诸多因素的影响。

1.年龄

在训练后，40 岁以上的受训者可能比年轻受训者需要更长的恢复时间。部分数据表明，年龄越大的人进行剧烈运动，尤其是在进行大量离心运动时，比年轻人需要更多的时间来恢复力量，且易产生肌肉损伤。此外，年轻的受训者与年龄大的受训者相比，在训练过程中需要更多的恢复时间来适应训练。因此，组训者在制订周期训练计划时要考虑受训者的年龄因素。为了促进恢复，在年龄小和年龄大的受训者一起训练时，必须保证训练计划中包含额外的恢复练习或更低强度的训练。

2.训练状态

受训者的训练状态影响受训者的恢复能力和适应训练刺激的能力。扎齐奥尔斯基（F. M. Zatsiorsky）和克雷默（W. J. Kruemer）认为，新手受训者的训练负荷可能相当于一个优秀受训者停训时的负荷，初学者或新手受训者在训练时比已受过训练的同伴取得的进步快；任何合理的训练计划都会对新手受训者产生影响；越是训练有素的受训者适应期越短，因此需要不断调整训练方式、加大训练量、增加训练强度，以引起适应所需的生理性干预。受训者必须能从这些增加的训练负荷中恢复,组训者必须将恢复策略纳入周期训练计划中。

3.时差影响

出行会引起疲劳,从而影响运动能力和训练能力。受训者出行时会遭遇所谓的"时差反应"。时差被认为是由身体的生理节奏和当地时间不同步引起的,会导致一些疾病,如睡眠不规律、肠胃不规律、食欲不振、暂时失去方向感、记忆力下降、行动能力下降、头痛发生率上升及易怒等。当跨越许多时区或向东飞行时这些症状似乎更加严重。

4.营养

营养是影响运动和比赛的恢复因素之一,主要有补充肌糖原和肝糖原、补给水与电解质、促进机体组织恢复和再生的作用。饮食中碳水化合物含量不足时,会降低肌糖原再合成速度。如果出现这种情况,再加上一天内进行大量训练或连续几天进行训练,肌糖原的消耗就会导致疲劳和过度训练症状。因此,耐力型、力量型和爆发力型的受训者需要消耗足够的碳水化合物来维持训练强度。受训者每天每公斤体重需摄入 7~10 克碳水化合物,以保证足够的糖原贮备。

脱水对训练水平、胃排空、舒适性和认知功能有重大的消极影响。口渴一般不是脱水的恰当评价指标,因此受训者必须有意识地摄入液体。有专家建议受训者在运动前摄入 2 杯水(约 480 毫升),运动时每 15 分钟摄入 1 杯水(约 240 毫升),运动结束后摄入 2 杯水。

训练与营养高度相关,合理的饮食对于提供严格训练中所需的能量极为重要。此外,营养品的介入似乎可以改变训练引起的适应和恢复速度。这表明,当训练的首要目标是提高运动成绩时,良好的饮食规律作为总体周期训练计划的一部分显得尤为重要。

(三)恢复干预与恢复方式

1.恢复干预

受训者和施训者可以使用一系列方式加速恢复,这些方式包括完整的休息、按摩、冷冻疗法、水疗、热疗、交替疗法、非类固醇的抗炎症药物、使用压缩衣、拉伸活动以及饮食干预。综合使用各种恢复方式可以为受训者提供最有效的恢复。例如,当受训者将积极恢复手段与按摩相结合时,比采用单一的恢复手段效果更好。

（1）被动恢复

被动恢复是最基本的恢复方式，睡眠则是最主要的被动恢复手段。睡眠对受训者的恢复具有重要作用。当受训者经历急性或长期睡眠干扰时，有氧训练和无氧训练能力都会下降。睡眠质量恢复到正常状态需要 2～3 天，训练水平的不稳定状态恢复正常需要 6～8 天。虽然非受训者每天的睡眠需求为 5～10 小时，但受训者通常需要更多的睡眠时间。受训者每天应保证 9～10 小时的睡眠时间，80%～90% 的睡眠应在夜间，剩下 10%～20% 的睡眠时间可以通过小睡来补充。10～15 分钟的高效率小憩，可以在不引起受训者睡眠惰性反应的情况下改善灵敏性和提高训练水平。尽管稍微长的午睡（大于 30 分钟）具有更大的潜在恢复效果，但睡眠惰性反应的发生概率也更高。

（2）主动恢复

主动恢复或者小幅度放松运动与被动恢复方式相比，对提高训练后的恢复效果更有效。以低于 50% 最大吸氧量强度实施主动恢复取得的显著效果，包括乳酸清除速度显著增加，训练后体温平缓下降，中枢神经系统活动性下降以及运动性肌肉酸痛减轻。

研究表明，实施主动恢复时，训练能力下降与运动性疲劳的相关性减弱。小幅度身体活动的主动恢复方式较被动恢复方式恢复速度更快。此外，在 2 个 5 000 米计时测验之间，以 50% 的最大摄氧量进行 20 分钟主动恢复练习，能明显减缓训练成绩的下降。当研究者直接将被动恢复方式与主动恢复、按摩或其他训练后恢复方式相比较，可以发现，被动恢复与训练恢复损伤、血乳酸水平下降、重复循环训练中的功率输出以及最大力量生成能力下降有关。

尽管主动恢复似乎是最合适、最有效的训练后恢复干预手段，但主动恢复方法也有代谢消耗。一些研究人员认为，这些损伤会妨碍糖原再合成，并导致 PCr 储备的明显减少。即使采用训练后主动恢复和碳水化合物摄入相结合的方式，与被动恢复和碳水化合物摄入相结合的方式相比，肌糖原再生速率也可能受到影响。

相关数据表明，主动恢复手段有减轻训练后恢复困难的巨大潜力。虽然描述主动恢复计划可供参考的持续时间和强度的科学文献有限，但 10～20 分钟低于 50% 的受训者最大心率（预测最高心率＝220－年龄）的轻量训练之后接着进行 10～20 分钟的伸展练习，是一种较为合理的运动后恢复方式。

2.恢复方法

（1）按摩

按摩作为一种康复与放松手段，在全世界已经有数千年的应用历史。许多组训者、受训者和运动医学专家认为，按摩可促进训练的恢复，降低训练损伤的风险，保持训练水平。经典西方按摩或瑞典按摩是最常见的应用于受训者的按摩类型。根据治疗师的经验和临床需求，这种按摩类型采用了各种不同的技术。

按摩效果可能受多种因素的影响，与被动的恢复情况相比，10 组 6 次最大等动屈肘运动 3 小时后进行 10 分钟的按摩，延迟性肌肉酸痛程度会减轻 30%、肌肉肿胀减少、肌酸激酶的清除显著增加。按摩也能增加乳酸的清除速度，这可能与知觉的恢复有关。虽然按摩确实有益，但也有研究者认为其恢复效果与冷水浸泡和主动恢复效果相同。另外，支持将按摩作为恢复手段的文献认为，按摩能减轻焦虑、紧张、压力、抑郁，改善情绪，并增加放松感、幸福感，恢复知觉。因此，按摩似乎产生了显著的心理影响，可能对恢复中的受训者有特殊的益处。

当把按摩作为恢复计划的一部分开始实施时，可在训练前以及训练后进行。准备性按摩通常在一般热身活动结束后 15～25 分钟实施，旨在放松身体，防止身体降温并调节情绪。恢复性按摩在训练结束后 20～30 分钟开始实施，应持续 7～12 分钟。训练高度疲劳后 1～2 小时，应按摩 15～20 分钟。如果因训练刺激产生高度疲劳，则可以在一天内进行多次按摩。

（2）热疗

热疗需要诸如温水浸泡、桑拿浴、蒸汽浴、热漩涡浴、水疗包、红外线照射等各种各样的技术来使身体发热。由于心排血量的增加和血液流通阻力的下降，热疗被认为能提高皮下组织和皮肤的血液流通。这种血液流通的加强增加了血细胞、淋巴管和毛细血管的通透性，从而提高新陈代谢水平，加快营养输送以及细胞代谢废物的清除。热疗也可增加神经系统的传输效率、提高肌肉的弹性、增强关节的灵活性，还能起到镇痛、减少肌肉痉挛的作用。但是热疗的效果只能集中于皮肤表层，影响难以到达深层组织。目前，可以搜集到许多有关热疗法效果的信息，但是试图将热疗作为一种恢复手段的科学研究仍然罕见。

热疗也有一些禁忌，最明显的禁忌就是高温可能灼伤皮肤。热疗还可能加重炎症反应，导致肿胀和水肿。如果使用热水浸泡，可能发生异位、低血压、热晕厥、过度性心动过速，并可能引发罕见死亡。在对有开放性伤口、皮肤疾病、外围血管疾病、循环障碍、急性肌肉骨骼损伤的受训者使用热疗时，组训者和受训者一定要慎重。热疗技术被作为恢复干预使用时，了解使用每种技术时的具体操作和禁忌是非常重要的。

（3）冷冻疗法

冷冻疗法是一种采用冷水浸泡、冰浴、冰按摩、冰包治疗急性外伤或促进训练后恢复的技术。把冷冻疗法作为一种恢复技巧的研究非常有限，绝大多数关于冷冻疗法的研究集中在对局部组织的镇痛作用上。冷冻疗法可能是通过降温而起到镇痛作用，因为降温可降低神经元传输速率，调节中枢神经系统的疼痛感知。尽管由于中枢神经系统疼痛感知的降低减轻了疼痛，但由于肌肉收缩速度减慢或力量生成能力的下降，可能会导致训练成绩的短期下降。受训者如果实施冷冻治疗后马上投入训练，训练能力可能会被削弱。

（4）冷热交替疗法

交替使用热疗（热）和冷冻治疗（冷）被称为交替疗法。交替疗法已被运动医学专家用于治疗脚踝扭伤，以及更多常见的拉伤和四肢的挫伤。虽然交替疗法通常被用来治疗损伤，但是这种技术作为一种恢复手段正变得越来越受欢迎。交替疗法技术包括任何热疗技术与冷冻技术的结合：水浸泡、冰袋、漩涡浴、水力按摩、热包、红外线照射、桑拿、石蜡、冰按摩。组训者和受训者最常用的冷热交替治疗方法就是冷热浸泡。冷热浸泡被认为能促进训练后的恢复。不过，受训者可以使用很多其他冷热交替治疗技术组合来进行训练后的恢复。例如，冷热交替疗法可以先使用桑拿浴室，然后再进行漩涡浴或淋浴。

由于血管舒张和收缩的交互性，交替疗法被认为能使肌肉产生收缩运动，肌肉收缩通过冷热温度的交叉刺激而加强。有学者认为，按 4∶1 的冷热比例交替沐浴持续 20 分钟时，血流量大小出现波动。这种波动部分解释了前文已述的一些交替疗法的优点。交替疗法被认为能改变血流量，减轻肿胀，降低炎症反应和肌肉痉挛，改变疼痛知觉，扩大运动范围。实证报告和现代科学文献的结合是支持交替疗法作为一种恢复手段的主要支撑力量。

现代研究表明，交替疗法可缓解肌肉僵硬和疼痛，加快肌酸激酶（一种肌肉损伤的标志物）的清除速率，通过降低交感神经活性来提高外周神经系统的神经功能，提高乳酸清除速率。但目前仍有许多科学研究尚待验证，以确定交替疗法作为一种恢复方法的效果，并确定冷热治疗的最佳比例。普遍认为，实施交替疗法时，热疗法的时间应比冷冻疗法的时间长 3～4 倍，换句话说，热疗法和冷疗法的比例就是 3∶1 或 4∶1。一般建议，热疗温度以 37 ℃～44 ℃为宜，而冷疗温度则是 7 ℃～20 ℃，通常需持续 20～30 分钟，并且一天可以重复 2～3 次。专家推荐交替疗法以热疗开始并以冷疗结束，从而尽量减少产生肿胀的可能性，在运动的过程中动作幅度应以不产生疼痛为准。

（5）水浸泡

水浸泡作为一种训练后的恢复手段正逐渐普及。水浸泡经常与热疗或冷疗技术结合使用，也可以与温水（16 ℃～35 ℃）结合。水浸泡的效果可能与受训者浸泡在水中时流体静压力的作用有关。流体静压力可以刺激体液由四肢向身体中心转移。目前普遍认为，水浸泡通过刺激心排血量来增加血流量，并产生与主动恢复相似的效果。血流量的增加加快了机体能量底物的运输速率，提高了代谢废物的清除率，这可能有利于加快恢复速度。这种理论可以在水浸泡促进乳酸清除率的实验中得到验证。

流体静压力是水浸泡被认为能减少水肿的一个重要原因。水肿有可能发生在运动反应或肌肉损伤中，通过压缩局部毛细血管减少肌肉中的氧气输送量，进而增加机体血液的输送路程。水浸泡有利于消除由于过度水肿导致的细胞损害。水浸泡还能增加流体静压力，减少组织变性、炎症和延迟性肌肉酸痛，改善收缩功能。受训者在训练后进行水浸泡，可以通过降低疲劳感知能力来获得积极的心理反应。以上研究表明，训练后水浸泡可以产生促进恢复的生理和心理反应。

研究者一般建议，水浸泡作为一种训练后的恢复手段，在实施过程中至少要持续10 分钟。大多数研究者认为，浸泡的时间宜为 10～20 分钟，水浸泡的最佳持续时间还有待进一进步的科学研究。

（6）非甾体类抗炎药物

当受训者进行肌肉离心收缩的剧烈运动或进行新的练习时，肌肉功能障碍、酸痛以及炎症的发生概率就会增加。炎症是骨骼肌修复和适应反应的必要组成部分。由离心收缩组成的重复练习通常导致严重的肌肉损伤和炎症。这种炎症反应开始于训练完成后的24～48 小时，伴随着肌肉酸痛、僵硬，运动后 48～73 小时达到高峰。典型的炎症反应包括延迟性肌肉酸痛、运动幅度减小、兴奋耦连、收缩机制的失效以及肌肉力量生成能力下降。肌肉功能运动性混乱及伴随的肌肉酸痛的程度取决于受训者的年龄、训练状况以及运动刺激的大小。受训者对训练强度、训练量和训练频率越不适应，引发炎症反应和肌肉酸痛的可能性就越大。

炎症似乎在受训者对训练的适应反应中起着主要作用。研究表明，长期使用降低炎症反应的恢复方法，不会优化运动性的适应反应。相反，短期内使用非甾体类抗炎药物（Non-Steroid Anti-Inflammtory Drugs, NSAIDs）可能会刺激肌肉功能的暂时性恢复，缓解肌肉酸痛。短期内使用 NSAIDs 的镇痛效果似乎与肌肉酸痛的刺激程度或离心收缩刺激的大小相关。

重复使用 NSAIDs 可能减弱肌肉修复和适应训练刺激的能力，最终降低受训者因训练而获得的竞技能力。大剂量的 NSAIDs 会减少肌原纤维蛋白的数量并减慢肌肉的复原过程。相关研究表明，NSAIDs 减弱了人体对离心运动的适应性反应，降低了重复训练的反应，会抑制训练性肌肉肥大。例如，过度使用非处方剂量的布洛芬会抑制抗运动性蛋白质的合成。NSAIDs 可对短期炎症进行有效干预，但长期使用 NSAIDs 则会减弱受训者的适应性反应。因此，施训者和受训者考虑使用 NSAIDs 作为恢复手段时需要谨慎。

目前，可供采用的恢复方式有许多，包括从完整休息到专门设计的加速恢复方法等。实施综合恢复干预措施似乎能使受训者快速恢复。多种恢复方式相结合也可加快恢复的速度。例如，使用水下喷气按摩结合水浸泡，可以达到更好的恢复效果；深水跑步运动作为一种主动休息和水浸泡相结合的恢复方式，能显著降低肌肉疼痛，保持动作幅度。事实上，组训者可以创造多种恢复方法相结合的恢复方式，这取决于受训者的特定需求。尽管多种恢复方法相结合的恢复方式在促进受训者恢复上有很大的潜力，但仍需进一步的研究来阐释其最佳结合方式和不同恢复方法使用的先后顺序。

第三节　体能训练的机体适应机制

一、无氧训练的机体适应机制

不同方式的训练对神经肌肉的控制会产生不同的影响,因为会引起神经肌肉对不同的训练方式产生相关的适应机制。

无氧训练能通过从神经中枢到单个肌纤维的神经肌肉系统链诱发适应。神经元放电增加是运动员发挥最大力量和爆发力的关键。

(一)中枢适应

为使肌肉产生最大力量和爆发力,大脑皮质运动中枢运动单位的活性会随着运动量相应增加。在无氧训练初期,大脑皮质运动中枢的活性即开始增加。对于未经训练的个体或者损伤后恢复的个体,采用电刺激恢复的方法比自主活动更加有效。相关研究显示,未经训练的个体在发挥最大力量过程中有 71%的肌纤维被动员,而训练后能较大程度地减少被动员的肌纤维百分比。

(二)运动单位适应

运动单位是神经肌肉系统的功能单位。一个运动单位由 α 运动神经元及其所支配的全部骨骼肌纤维组成。运动神经元可以只支配少于 10 个的肌纤维,也可以支配超过 100 个较大的、躯干和四肢肌肉的肌纤维。当需要从肌肉获得最大力量时, 所有可利用的运动单位必须全部被动用。不同形式的运动单位的启动速率或频率会影响肌肉力量。运动单位放电速率通过剧烈阻力训练得到提高就是一种适应机制。主动肌的最大肌肉力量和爆发力的增加取决于运动单位的募集量、放电速度、放电同步化及这些因素的联合作用。

(三)神经肌肉反射适应

神经肌肉接头是神经肌肉的连接处, 是无氧训练产生适应的关键部位。对动物神经肌肉接头的研究表明，神经肌肉接头对运动训练产生了适应性变化。相关研究者的研究表明，不同强度的运动训练均能使神经肌肉接头发生变化。他们研究了大鼠在低强度和高强度训练下神经肌肉接头的变化，结果显示，两种强度训练均使神经肌肉接头面积增加，且高强度训练比低强度训练使神经肌肉接头处产生了更多的散在分布的、不规则的突触。因此，无氧训练能改变神经肌肉接头处的形态，从而增加神经传递的速率。

二、不同形式抗阻力量训练的机体适应机制

抗阻力量训练是提高肌肉力量及肌肉耐力的重要手段。抗阻力量训练有多种形式，不同的形式会带来不同的训练效果。而若要增加肌肉力量，至少要满足以下条件之一：①动用所有的肌纤维，使该部位所有的快肌纤维参与运动，如最大负荷重量训练、快速力量训练；②尽可能动用该部位所有的快肌纤维，并使肌纤维发生微损伤，肌肉通过过度修复微损伤的方式增粗，如70%～85%最大负荷重量训练、离心收缩训练；③与肌肉合成相关的生长激素等激素及相关生长因子发生变化，从而使肌肉合成速度大于分解速度，如反复的70%～85%最大负荷重量训练、慢速力量训练、加压训练。

（一）最大负荷重量训练

最大负荷重量训练可以在一次动作中动用更多肌群，但重复的次数少，在进行5组95%～100%最大负荷重量训练后，2分钟后的血乳酸、15分钟后的生长激素以及次日的肌酸激酶均不会发生大的变化。也就是说，95%～100%最大负荷重量训练可以使神经对肌肉的控制能力（或者说全身协调发力能力）得到提高，但由于重复次数过少，肌纤维不会产生微损伤，也无法有效刺激生长激素等合成代谢类激素的分泌，因而不会出现肌肉量的增长。在神经对肌肉的控制能力提高之后，再进行最大负荷重量训练，肌肉力量就会出现滞涨现象。

（二）70%～85%最大负荷重量训练

70%～85%最大负荷重量训练可以有效动员全身肌肉，在合理安排间歇时间的前提下，可以有效地增加肌肉量，并促进肌肉力量的增长。受训者在进行70%～85%最大负

荷重量训练时，到每组后半阶段，所有的快肌纤维都会被动用（因为原来动用的肌肉已经疲劳，而为了完成工作，其他肌纤维会补偿性地参与工作）。每个动作之间以及每组间歇时间足够短时，运动中会产生血乳酸等大量的代谢产物，并刺激与肌肉合成相关的生长激素等激素及相关生长因子发生变化，从而使肌肉量得到增加。因此，在使用该负荷进行训练时，每个动作最好采用"大约 1 秒的时间抬起，3 秒的时间下放"的节奏。而组间间歇最长不能超过 2 分钟。当组间间歇超过 3 分钟时，因激素及相关生长因子变化而引起的肌肉合成效果会大幅度降低。

（三）慢速力量训练

慢速力量训练已有几十年的历史，而慢速力量训练能发挥良好训练效果的原因目前也已逐渐清晰。慢速力量训练的目的是通过持续用力使肌肉内压升高，造成肌肉中的循环受到抑制，使运动产生的乳酸等疲劳物质无法排出，从而使局部肌肉在相对较小的负荷下，形成像肌肉进行剧烈运动后的状态，这种状态会形成强烈的刺激，促使生长激素等促进肌肉合成的激素大量分泌。正因为这样一个非常重要的机制，即使采用很轻的负荷（40%～60%的最大负荷重量）也能使肌肉变粗。而在普通训练中采用 50%～70%的负荷，肌肉基本不会变粗。慢速力量训练虽然字面上有"慢速"二字，但"慢"并不是其核心内容，其核心是肌肉在整个过程中始终用力。以深蹲练习为例，站起时若膝关节伸直，肌肉就会完全放松，而为了避免这种情况，应该在膝盖完全伸直之前停住，并再次下蹲。同样，在对其他部位进行训练时，不形成完全脱力的状态是最基本的要求。由于慢速训练不必使用很重的负荷，因此训练起来相对安全。除了训练初期，一般经过系统训练的人均可快速恢复（24～48 小时）。另外，由于慢速力量训练会造成局部肌肉中大量的疲劳物质积累，类似于最后冲刺阶段的局部内环境状态，因此也可以直接提高人体在疲劳物质积累的内环境下运动的能力。

（四）快速力量训练

快速力量训练是瞬间性地发出力量，之后形成脱力状态的训练方法的总称。例如，在卧推练习中将杠铃扔出去的仰卧投掷训练，用上肢进行双手瞬间离地的俯卧撑等。快速力量训练对增加绝对肌肉力量的效果不明显，但对加快肌肉的启动具有非常明显的效果，因而是最适合提高爆发性肌力发挥能力的训练。另外，由于它还有提高动作本身爆发力的作用，所以经常用于将已锻炼的肌力与实际动作进行结合的阶段。受训者在进行仰卧投掷练习时，即使使用 30～40 千克这样的轻杠铃，只要能很好地发力，那么瞬间性的力量也会达到 140～150 千克。也就是说，快速力量训练虽然发出力量的时间很短，但由于瞬间发出的力量很大，所以对维持已有的肌力是非常有效的。

（五）离心收缩训练

离心收缩训练是指肌肉在发力的同时被拉长的训练。将杠铃举起是短缩性收缩，缓慢下放是离心收缩。简单来说，让肌肉作为"发动机"工作的是短缩性收缩，让肌肉作为"制动器"工作的是离心收缩。

首先，是在训练中优先发挥快肌纤维的作用。在训练中逐渐加大力量时，会优先使用尺寸小的慢肌纤维，直到发出大力量的阶段，才开始动员尺寸大的快肌纤维，这一过程称为尺寸原理。但在进行离心收缩训练时，会更多地使用快肌纤维。也就是说，在离心收缩训练时，会忽视尺寸原理而优先动员快肌纤维。由于先使用容易肥大的快肌纤维，因此也就有可能获得相应的训练效果。有学者曾进行研究，将被测者分为两组，一组只进行短缩性收缩训练，一组只进行离心收缩训练，在各种条件都一致的情况下进行 3 个月的训练，从结果来看，进行离心收缩训练的被测者不仅肌力得到增强，而且肌肉本身也变得更粗。

其次，离心收缩训练更容易引起肌肉疼痛。这表明，这种训练会很容易造成肌肉的微损伤，并激活相应的修复过程。当受到对肌肉更具有破坏性的强烈刺激时，肌肉会变得更粗。而这种情况在离心收缩中更容易发生。离心收缩的缺点是更容易造成过度训练。如果在小的损伤没有痊愈的情况下继续进行训练，就会造成肌肉疲劳，有时甚至不能获得较好的训练效果。一般情况下，离心训练产生的肌肉微损伤的恢复时间在 72 小时以上。

三、有氧训练的机体适应机制

（一）神经肌肉系统对有氧训练的适应

在有氧耐力训练的早期阶段，神经肌肉系统适应扮演着非常重要的角色。在训练初期，运动效率增加，机械收缩疲劳延迟。有氧耐力运动表现的改善可能会引起协同作用间神经的活动和肌肉中运动单位间的协同作用。因此，在较低的能量消耗活动中，受训者可以进行更有效率的运动。

有氧耐力训练的一个基本适应反应是增强了训练肌肉的有氧能力，使受训者更容易完成定量负荷运动，并且在训练后，受训者在较大的负荷强度下也能获得较大的有氧功率。因此，在有氧耐力训练前后，测量受训者的最大摄氧量可能并不能精确地描述其完成比赛的能力。例如，一个受训者能用相当于75%最大摄氧量水平的速度跑完马拉松，有氧训练后可以保持80%最大摄氧量水平的速度完成比赛。出现这种适应性的原因是糖的节约（运动中糖利用减少）和肌肉中脂肪的利用增加。

有氧耐力训练计划中包括亚极量强度（又称次最大强度，相当于机体最大吸氧量的70%～80%）的肌肉收缩，重复次数多，恢复时间短，会改变肌肉成分，因此相对强度较低，总量较高。有氧耐力训练中，与训练相关的有氧潜力适应与肌纤维类型有关。相较于Ⅱ型肌纤维，Ⅰ型肌纤维具有较高的有氧储存能力和较好的氧化能力，训练后有氧潜力增加明显。但是，如果训练强度足够（如重复800米间歇跑的训练），快肌纤维也会大量参与。在这种情况下，其有氧能力也会随着训练增加而增强，但是长期的有氧耐力训练会使糖酵解酶浓度降低，这些肌纤维所在肌肉的质量总量会下降。

（二）循环系统对有氧训练的适应

身体活动和体育运动由有效和有目的的动作组成，这些动作源于神经肌肉的控制功能。而对神经肌肉活动的支持则通过呼吸系统和心血管系统不断地向激活组织输送氧气和排出二氧化碳来完成。因此，受训者在运动时会影响机体的神经肌肉控制能力，继而使心肺功能产生适应性变化。

1.运动时心率的适应性变化

运动可导致心率明显升高。运动时心率变化速率与幅度因运动强度和时间而异。研究表明，机体完成单一的较小强度运动时，心率在运动初期迅速上升，达到一定水平后会维持在一个波动不大的范围内，这段时间各系统机能处于相对稳定的状态。随着运动的持续，机体各系统机能平衡被破坏，心率将再次升高直至达到最大心率，此次心率的升高可视为机体的运动疲劳点。机体完成单一的大强度运动时，由于机体代谢水平很高，各系统机能水平不能保持在相对稳定的状态，因此心率将持续升高至最大心率。运动心率或脉搏的变化情况可以作为评定运动强度的生理负荷指标，通常将心率从185次每分钟（或190次每分钟）到最大心率的运动强度称为极限强度，170～185次每分钟（或189次每分钟）为亚极限强度，150～169次每分钟为大强度，120～149次每分钟为中等强度。此外，心率也可作为评定运动者机能状态的客观生理指标，通过测定基础脉搏（晨脉）、运动前心率、定量运动负荷后心率、最大心率及心率恢复速率等指标，可以在一定程度上反映机体的机能水平，也可以通过心率或脉搏来控制运动强度。

2.运动时每搏输出量和心排血量的适应性变化

运动可明显提高每搏输出量和心排血量。运动引起血流速度加快、静脉回心血量增加，使舒张末期心室容积提高，同时通过提高交感神经兴奋及增加儿茶酚胺分泌使心肌收缩力增强，减小收缩末期心室容积，二者共同作用导致每搏输出量明显增加。每搏输出量的增加和心率的加快使心排血量显著加大。当心率超过150～160次每分钟时，由于心舒期缩短导致静脉回心血量减少，心肌收缩力的增强程度有限，使得每搏输出量逐渐减少。当心率超过180次每分钟时，由于每搏输出量的大幅度减少，使得心排血量也可能随之下降。

3.运动时动脉血压的适应性变化

运动导致动脉血压的收缩压显著升高，在剧烈运动时收缩压可高达190毫米汞柱，甚至更高。不同运动形式下，动脉血压的舒张压变化情况不同。受训者在进行动力性运动时，收缩压明显升高，舒张压的变化相对较小，甚至可能略有下降；进行静力性运动时，收缩压的升高幅度相对较小，而舒张压的升高则十分明显，给小血管造成很大的压力（表1-1）。

表 1-1　不同运动形式对动脉血压的影响

运动形式	收缩压	舒张压	脉压差
动力性运动	↑↑	↑或↓或—	↑
静力性运动	↑↑	↑↑	↓

注：↑为上升，↓为下降，↑↑为显著上升，—为变化不明显。

（三）呼吸系统对有氧训练的适应

运动时机体代谢加强，呼吸系统也将发生一系列变化，以满足机体代谢的需求，保证技术动作的顺利完成。

1.运动时通气机能的适应性变化

运动时随着运动强度的增大，机体为满足代谢的需求，需要消耗更多的氧气，排出更多的二氧化碳。为此，通气机能将发生相应的变化。

运动时机体表现为呼吸加深、加快，肺部通气量增加，潮气量（平静呼吸时每次吸入或呼出的气量）可从安静时的 500 毫升上升到 2 000 毫升以上，呼吸频率也随运动强度的增加而增加，可由每分钟 12～18 次增加到每分钟 40～60 次。结合潮气量与呼吸频率的变化，运动时肺部每分钟的通气量可从安静时的每分钟 6～8 升增加到 80～150 升，较安静时增大 10～12 倍。

运动过程中肺部通气量的时相性变化如下：运动开始后，通气量立即快速上升，随后在前一时相升高的基础上，出现持续缓慢的上升；运动结束时，肺部通气量同样是先出现快速下降，随后缓慢地恢复到安静时的水平。通气量迅速升、降的时相，称为快时相；缓慢升、降的时相称为慢时相。在中等强度运动中，肺部通气量的增加主要是通过增加呼吸深度来实现的。而在进行剧烈运动时，肺部通气量的增加则主要是通过增加呼吸频率来实现的。呼吸深度和呼吸频率的增加，意味着呼吸运动的加剧，因此用于通气的氧耗也将增加。

2.运动时换气机能的适应性变化

运动时换气机能的变化主要是通过氧气的扩散和交换来体现的。

肺部换气的具体变化为：①人体各器官组织代谢增强，使流向肺部的静脉血中氧气压力比安静时低，从而使呼吸膜两侧的氧气压力差增大，氧气在肺部的扩散速率增大；②血液中儿茶酚胺含量增多，导致呼吸性细支气管扩张，使通气肺泡的数量增多；③肺泡毛细血管前括约肌扩张，开放的肺毛细血管增多，从而使呼吸膜的表面积增大；④右心室泵血量的增加也使肺部血量增多，使得通气血流比值仍维持在 0.84 左右。但剧烈运动也会造成过度的通气，使通气血流比值大于 0.84。这些因素的变化使得耗氧量为 4 升每分钟时，肺部的氧扩散容量达到 60 毫升每分钟毫米汞柱，当耗氧量为 6 升每分钟时，氧扩散容量可增加到 80 毫升每分钟毫米汞柱。

组织换气的具体变化为：①由于活动的肌肉组织需利用较多的氧气来氧化能量物质，以重新合成 ATP，所以活动的肌肉组织耗氧量增加，组织的氧气压力下降迅速，使组织和血液间的氧气压力差增大，氧气在肌肉组织部位的扩散速率增大；②活动组织毛细血管开放数量增多，增大了组织血流量，增大了气体交换的面积；③组织中由于二氧化碳积累、氧气压力的升高和局部温度的升高，氧离曲线发生右移，促使氧合血红蛋白解离进一步加速。运动时组织的这些变化，促使肌肉的氧气利用率提高，肌肉的代谢率较安静时提高。

第四节　体能训练的能量代谢

生物体的任何活动都需要能量参与，能量是维持正常生命活动的基础，也是维持人体运动能力的重要前提。能量代谢是人体一切生命活动的基本特征，是生物体内的物质代谢过程中所伴随的能量存储、释放、转移和利用的过程。人体中有三大类营养物质，分别是糖类、脂类和蛋白质。这些物质在体内氧化释放的能量一部分用于维持体温和转化为热能散发到环境中，另一部分形成三磷酸腺苷（ATP）储存于高能磷酸键中，在生理条件下释放出能量，满足机体各种生命活动的需要。运动及训练的能量代谢基础是体能教练需要重点了解和掌握的内容，理解机体能量代谢系统，对于制订合理的有氧和无氧训练方案来说非常重要。

一、人体能量系统的基本认识

人体在各种运动中所需要的能量分别由三种不同的能源系统供给，即磷酸原系统（ATP-CP 系统）、酵解能系统（糖酵解系统）、氧化能系统（有氧氧化系统），如表 1-2 所示。

表 1-2　人体三个能源系统的特征

能源系统名称	底物	贮量（mmol·kg⁻¹D）	可合成ATP 量（mmol·kg⁻¹D）	可供运动时间	供给 ATP 恢复的物质和代谢产物
磷酸原系统	ATP	$4\sim6$		$6\sim8$	CP
	CP	$15\sim17$	100	<10 秒	$CP+ADP\rightarrow ATP+C$
酵解能系统	肌糖原	365	250	$2\sim3$ 分钟	肌糖原→乳酸
氧化能系统	肌糖原	365	13 000	$3\sim5$ 分钟	糖→CO_2
	脂肪	49	不受限	$1\sim2$ 小时	脂肪→H_2O

不管是什么类型的运动，所有的供能系统在任何时候均参与供能，从而满足人体在运动时对能量的需求。但是，由于运动强度、运动量、持续时间、运动间歇的不同，可能会以某个供能系统为主。例如，在 30 秒的冲刺训练中，28%～40%的能量来自有氧氧化系统，45%来自糖酵解系统，17%来自 ATP-CP 系统。在 12 秒的冲刺训练中，47%的能量来自糖酵解系统，31%来自有氧氧化系统。表 1-3 展示了不同类型的运动对能量代谢的需求。

表 1-3　不同时间全力运动时的能量代谢系统利用

持续时间	运动强度	主要能量代谢系统
$0\sim6$ 秒	非常剧烈	ATP-CP 系统
$6\sim30$ 秒	剧烈	ATP-CP 系统和糖酵解系统
30 秒～2 分钟	高强度	糖酵解系统
$2\sim3$ 分钟	中等强度	糖酵解系统和有氧氧化系统
>3 分钟	低强度	有氧氧化系统

训练方案需要针对项目的供能需求特点制定。例如，某个受训者需要发展 ATP-CP 系统，那么最好选择高强度、短促的爆发力训练。间歇训练可使受训者训练的强度更高。持续训练的运动强度将受到限制并且取决于疲劳程度，而间歇训练与其相比，受训者可以完成的大强度训练的比例更高。工作/休息率是一定的，1：10 的工作/休息率表明受训者的间歇时间是运动时间的 10 倍，比如爆发力训练时长为 8 秒，则需要 80 秒的休息时间。一般来说，工作/休息率在 1：12 到 1：20 之间的训练主要针对 ATP-CP 系统；工作/休息率在 1：3 到 1：5 之间的训练主要针对快速糖酵解系统；工作/休息率在 1：3 到 1：4 之间的训练主要针对快速糖酵解系统和有氧氧化系统；工作/休息率在 1：1 到 1：3 之间的训练主要针对有氧氧化系统。

当机体在不同的运动强度下完成各种动作时，会分别动员磷酸原（ATP-CP）供能系统、糖酵解供能系统和有氧氧化供能系统。需要强调的是，大强度运动中各能量代谢系统对能量供应的参与并非按顺序出现的，而是相互整合、协调，共同满足体力活动器官的基本需求，如肌肉对能量的需求。

一般来讲，任何运动形式都需要三种供能系统同时参与能量供应，但由于运动模式、运动持续时间和强度不同，不同的能量代谢系统在总体能量代谢中所占的比例不同。例如，在高强度运动中，肌肉在 5～10 秒达到最大功率输出，随后运动阻力逐渐降低，直至运动结束。研究表明，肌纤维中的 ATP-CP 供能系统在运动 1～2 秒后达到峰值，在 10 秒内降低 75%～85%，并继续参与供能 20 秒。糖酵解供能系统的 ATP 合成速率在 5 秒时达到峰值并持续数分钟，而有氧氧化供能系统则在运动 30 秒后占据能量供应的主导地位。

（一）磷酸原供能系统

对于各种生命活动而言，正常条件下组织细胞仅维持较低浓度的高能化合物。这些高能化合物多数又以磷酸肌酸（CP）形式存在。CP 释放的能量不能为细胞的生命活动直接利用，必须先转化为三磷酸腺苷（ATP）。由于磷酸肌酸多储存于骨骼肌中，因此在运动开始阶段，机体会首先动员 ATP-CP 供能系统。

ATP-CP 系统对爆发力项目至关重要。首个 30 秒的大强度剧烈运动对 CP 的消耗达60%～80%，其中在 12 秒左右对 CP 的消耗就可以达到 70%，较长时间的大强度剧烈运动（如 400 米跑）对 CP 的消耗达到了 89%。有训练的短跑运动员比慢短跑运动员的 CP 消耗率更高，CP 消耗越多，则恢复到运动前水平的时间就越长。CP 的恢复为双相反应，表现为前期较快，紧跟着是较慢的恢复过程。CP 的再合成也受到机体恢复方式的影响（积极性恢复对比消极性恢复），由于强度和运动量的不同，CP 的恢复期为 21～57 秒，90 秒的时间可使其恢复 65%，但 6 分钟时仍恢复不到 90%。其他一些影响 PC 合成的因素有肌肉 pH 值、脂联素（ADP）水平、供氧量等。当肌肉 pH 值降低时，CP 合成的半衰期将会延长，甚至抑制 CP 的合成，从而延长恢复过程。用于 CP 合成的 ATP 通常源于有氧代谢，慢肌纤维的 CP 恢复速度要快于快肌纤维。在进行力量训练和间歇训练时，需要把握 CP 再合成的代谢动力学原理。受训者如果休息时间不够，将导致 CP 恢复不充分，从而降低运动能力。

无氧训练可加强 ATP-CP 系统和腺苷酸激酶（核苷激酶的一种）的积极适应，这种适应主要体现在三个方面：①能源物质储备增加；②酶活性的改变；③抗疲劳能力增强。多重复的高强度训练可通过"超级恢复"来增加肌肉内的 ATP 和 CP，一项早期的研究显示，受训者在进行 5 个月的抗阻训练后（3～5 组，每组重复 8～10 次，组间间隙 2 分钟），肌肉 CP 增加 22%，肌酸增加 39%，ATP 浓度增加 18%。同样也有研究发现，5 周的抗阻训练提高了肌肉的 CP 含量，但也有研究显示，没有增加冲刺训练可使安静状态下肌肉 ATP 和 CP 保持不变或减少，短距冲刺项目（尽管 CP 在训练中减少得更快）与耐力项目受训者有相似的 CP/ATP 比率。安静状态下底物的增多对力量训练是非常有利的，不过对于冲刺训练影响不大。

训练也可引起酶活性的改变。所涉及的酶有两种，分别是肌酸激酶（CK）和腺苷酸激酶。早期的研究发现，抗阻训练可增强这两种酶的活性，尤其是在快肌纤维中。但是在酶活性发生改变时，肌肉体积的增大更为重要。在运动适应性肌肉肥大过程中，酶的活性不变或减少。有研究发现，在肌肉肥大过程中，CK 可能减少、增加或不变，而腺苷酸激酶减少。力量举重运动员和奥林匹克举重运动员的腺苷酸激酶差不多，而健美运动员更高。在经过 2～15 周的冲刺训练或爆发力训练后，腺苷酸激酶可能不变或升高（达 20 %）。虽然优秀的冲刺运动员能迅速动用 CP，但冲刺训练并没有改变 CK 的活性。在一项结合冲刺、爆发力和力量训练的长期训练（8 个月）后，研究者发现 CK 活性并没有发生明显变化。冲刺训练所引起的代谢适应并没有伴随 CK 的活性增强而增强。

（二）糖酵解供能系统

糖酵解是在胞浆内分解糖，然后再合成 ATP，它是另一种无氧代谢系统。糖酵解系统可为长达 2 分钟的高强度运动提供能量。它的 ATP 合成率不如 CP，但在人体内有更充足的糖原储备，因而可以维持较长时间的能量供应。

由于骨骼肌在几秒的收缩过程中即可将 ATP-CP 供能系统提供的能量消耗殆尽，且运动初期植物神经兴奋传导速度慢、激素调节水平低，摄氧量还不能达到并满足机体对氧气的需求，此时机体处于缺氧状态。而在三大营养物质中，只有糖能直接在相对缺氧的条件下（不完全氧化）合成 ATP，因此在运动开始 20 秒后，机体开始动员无氧糖酵解供能。

肌糖原是一种可以迅速提供能量的糖，在运动前增加糖原的储备可以提高机体长时间工作的能力。肌糖原可在运动初始阶段被迅速利用，并随强度的增大而呈指数增加。人体平均含有 500 克的肌糖原（为肌重的 1%~2%）和 80~120 克的肝糖原。高糖膳食能增加对肌糖原的利用，而高脂膳食可能会减少肌糖原的消耗。肝糖原可降解以维持血糖水平，并为肌肉提供葡萄糖来源。磷酸化酶可分解糖原，引起糖原水解。糖原水解的量取决于运动强度、运动量、持续时间、休息间歇等。一些肌纤维发生糖原耗竭的现象，主要是因为"募集"了更多的快肌纤维。运动强度高于 50%~60%最大摄氧量时，糖原是主要的供能物质。有氧训练或重复性的高强度无氧间歇训练（充分组间恢复间歇）所引起的糖原耗竭，可引起肌肉疲劳。有氧训练所引起的糖原耗竭与肌纤维的"募集"有关，其主要引起慢肌纤维中糖原的耗竭，其次是快肌纤维。力量训练引起的糖原耗竭主要发生于快肌纤维，且存在强度依赖。训练有素者与未训练者的表现相似，力量训练可能引起 30%~60%的肌糖原消耗。如果力量训练之前的肌糖原含量较低，则可能会影响一些肌肉生长因子的"表达"。受训者在进行长距离的冲刺训练（较短间歇）时，糖原的耗竭率较高（尤其是在快肌纤维中），但并不能认为糖原耗竭是其疲劳的主要原因。

肌糖原和肝糖原的恢复对机体非常重要，它涉及激素反应、肌细胞摄取葡萄糖、血液供应等众多因素，但最关键的还是糖的消耗程度。促进糖原合成的是糖原合酶，它在运动后被激活。糖原的合成在早期非常迅速，而后合成速率降低。在有充足的糖分供应时，即使肌肉损伤会减缓糖原的恢复，但一般 24 小时左右即可恢复。训练会使肌糖原的含量超过原先水平，此即糖原的超量恢复。

训练可引起能源底物和酶活性的变化。以糖酵解供能为主的训练方式可引起糖原含量的增加。有氧训练可增加快、慢肌纤维中的肌糖原含量。稳定状态的有氧训练和高强度的间歇训练可使肌糖原含量增加。一项近期的研究显示，6 周的间歇性有氧训练（以90%最大摄氧量强度进行 4 分钟运动，重复 10 次，间歇 2 分钟），可使肌糖原含量增加 59%。中低强度的有氧训练可节约肌糖原，主要是由于脂肪参与供能的比例增大。冲刺训练可能使肌糖原含量不变或增加，这取决于糖酵解系统在训练中的动员情况。长距离的冲刺训练（短间歇或中等间歇）要比短距离冲刺训练（长间歇）能更大程度地刺激并增加肌糖原含量，因为其更依赖糖酵解系统供能。抗阻训练可使糖原含量增加，伴有血流限制的轻负荷抗阻训练比没有限制的肌糖原含量更高。

训练可使糖酵解酶的活性减弱、不变或增强，冲刺训练可能使磷酸果糖激酶的活性增强（16%～49%）或不变，乳酸脱氢酶的活性增强（9%～20%），磷酸化酶的活性增强（9%～41%）。有氧训练不能增强无氧代谢酶的活性，但可以改变对能源物质的利用率，如对脂肪的利用率高于糖。有氧训练（80%最大摄氧量强度）可减弱对磷酸化酶的激活，并减少糖原分解供能，因而具有节约糖原的效果。训练有素者的糖原合酶活性更高，抗阻训练对酶活性的影响取决于其使肌肉肥大的程度。以 ATP-CP 系统为主的抗阻训练（大负荷、低重复、长间歇），可能在肌肉肥大过程中伴随着糖酵解相关酶的活性降低。在抗阻训练后，磷酸化酶的活性可能增强，磷酸果糖激酶的活性可能增强或不变，乳酸脱氢酶的活性会有轻微增强或不变，而己糖激酶的活性可能增强。

肌肉缓冲能力的增强可以相应增强人体对酸中毒的耐受力。无氧训练可以引起更高的血乳酸浓度，同时伴有运动能力的提高。增强缓冲能力可以提高机体大强度运动的能力。训练有素者有更强的缓冲能力。受训者在经过 7～8 周的冲刺训练后，肌肉缓冲能力可增加 16%～44%。

（三）有氧氧化供能系统

当机体运动强度小于无氧阈强度时，呼吸和循环系统的动员能够满足运动骨骼肌对氧的需求，有氧代谢开始占据主要供能地位，摄氧量最终稳定保持在某一水平上。此时，三大营养物质都可参与有氧氧化。有氧氧化是绝大多数细胞获取能量的主要方式。即使是肌肉通过糖酵解生成的乳酸，最终仍需要在有氧氧化中彻底分解为二氧化碳和水。细胞在生命活动中首先以糖类作为有氧氧化的燃料，机体糖供应相对不足时再消耗脂肪，仅在糖及脂肪均相对不足时蛋白质才作为有氧氧化的底物。

当有充足的氧气供应时，有氧代谢系统大量参与供能。从某种程度上讲，人们对"有氧"一词可能存在误解。只有当氧气能间接地帮助 ATP 生成时，才具有作用。正常情况下，有氧代谢供能大部分来自糖和脂肪的氧化，较少来自蛋白质。氧化反应提供电子，而还原反应接受电子。氢的转运非常关键，氢原子可形成一种电势能，用于 ATP 的生成。氧化代谢发生于细胞内的线粒体中。线粒体拥有载体分子，通过还原反应将电子从氢原子传递到氧原子，同时伴有 ATP 的生成。有氧代谢是中低强度运动的主要供能系统。安静状态下 70%源自脂肪的氧化，剩余 30%来自糖。随着运动强度的增加，糖供能的比例增大。大强度运动主要由糖来供能。

尽管不同训练方式的能量供应具有各自的特征，但运动中不存在绝对的某一个单一能源系统的供能。例如，100 米冲刺跑是典型的速度型项目，需要迅速、高输出功率的供能，磷酸原系统为首选能源，但糖酵解供能系统在运动中仍占有一定比例。受训者在进行越野跑时，持续时间长，运动中机体的能量供应以氧化能源系统为主，但糖酵解供能系统在供能中也占有一定比例。而且，随着训练水平的提高，糖酵解供能系统在供能中所占的比例将进一步提高，有利于满足受训者途中加速和终点冲刺时的能量需求。

就人体糖、脂肪、蛋白质三大能源物质在运动中的利用速率来说，糖的利用速率最高，是一种非常经济的能源。一般运动开始时机体首先分解肌糖原，如对于 100 米跑，在运动开始约 3~5 秒，肌肉便通过糖酵解的方式参与供能；持续运动 5~10 分钟后，血糖开始参与供能，当运动强度达到最大摄氧量强度时，供能速率可达到安静时的 50 倍；运动时间继续延长，由于骨骼肌、大脑等组织大量氧化分解和利用血糖，导致血糖水平降低时，肝糖原分解补充血糖，其分解速率较安静时增加 5 倍。

二、能量代谢对机体的影响

（一）有氧能量代谢对机体的影响

有氧训练可以提高机体的有氧代谢能力（最大摄氧量），也可以使肌纤维中毛细血管的数量和密度增加（达到 15%）。较多的毛细血管可以带来更多的营养物质和氧气，有利于增强脂肪的氧化代谢。有氧训练可以使肌肉内细胞线粒体的数量和密度增加，耐力运动员肌肉内细胞的线粒体数量可能增加 103%，总量可以达到未训练者的 3 倍之多。慢肌纤维中的肌红蛋白（肌肉中的一种可结合氧气的蛋白，可将氧气转运至线粒体）含量最高，这对于肌肉耐力非常重要。有氧训练可使肌红蛋白含量增加 80%。同时，有氧训练可使三羧酸循环、β-氧化、电子传递链等相关酶的活性增强。有氧训练可增加琥珀酸脱氢酶、柠檬酸合酶、细胞色素 C 氧化酶、丙酮酸脱氢酶等的活性，这些酶活性的增强标志着训练水平的提升，并能改善人体对能源物质的代谢能力。有氧代谢可增加肌糖原含量，在运动中具有节约糖原的作用。因此，耐力运动员利用脂肪供能的能力更强。耐力运动员的肌肉内甘油三酯含量更多、运动中的脂解作用更强、β-氧化相关酶的活性更强，因而可以在不管是安静还是运动的时候，均能更有效地利用脂肪代谢来供能。

（二）无氧能量代谢对机体的影响

无氧训练（力量、冲刺、爆发力和灵敏性训练）对机体的影响较小，受训者在训练中的能量主要由 ATP-CP 系统和糖酵解系统来提供。抗阻训练可以增加肌纤维的毛细血管数量。健美和举重运动员比未训练者的毛细血管数量更多。但是毛细血管密度在一般的抗阻训练中并不会受到影响，相反在以增加肌肉为目的的抗阻训练中反而会减少（其毛细血管为肌纤维传递氧气的能力减弱，需要募集更多的肌纤维）。健美运动员的毛细血管密度比举重运动员的更高，但与未训练者差不多。虽然研究发现，力量使女性运动员的细胞线粒体体积变大，但抗阻训练可使细胞线粒体密度减小（达 26%）。肌红蛋白在经过 8 周的抗阻训练后并没有明显变化，这可能有利于为肥大的肌肉保留更多的氧气。大多数研究者认为，在抗阻训练过程中，三羧酸循环和电子传递链相关酶的活性不变或减弱。但是，也有一些研究发现，柠檬酸合酶、苹果酸脱氢酶、细胞色素氧化酶、

β-氧化相关酶的活性增强，如健美运动员比举重运动员的柠檬酸合酶和β-氧化相关酶的活性更强。冲刺训练可能使柠檬酸合酶的活性增强、减少或不变，琥珀酸脱氢酶的活性不变或增强。然而，大多数研究者认为，长距离的冲刺训练可以增强有氧代谢酶的活性，而短距离的冲刺训练不会。

三、不同训练形式的能量代谢问题

（一）高强度训练中的能量代谢问题

运动时的摄氧量随强度的增加而增加。当运动强度接近稳定状态时（1～4分钟），摄氧量呈指数增长，这一时期被称为摄氧量快速增加期。耐力运动员能比未训练者更快地达到稳定状态。在运动的开始阶段，心肺系统并不能为机体提供足够的氧气，需要数分钟后才能满足机体的需求。这表明，在运动的早期阶段主要是由无氧代谢系统提供能量。需氧量与摄氧量之间的差值称为氧债，无氧训练的氧债比有氧训练更大，耐力运动员比未训练者和力量/爆发力项目运动员更低。稳定状态是指摄氧量达到平台期，摄氧量满足了需氧量，并以有氧代谢供能为主。稳定状态可出现在不同的摄氧量水平阶段，取决于运动强度的大小。大强度运动（超过乳酸阈强度）时，摄氧量继续升高以满足机体的需求，这一时期被称为摄氧量慢速增加期。此时，体核温度、通气量、快肌纤维的募集均增加。

摄氧量在机体运动后仍保持较高水平。这取决于运动强度、持续时间，以及运动开始时所积累的氧债。强度较小且运动时间较短的运动，运动后的摄氧量仅有轻微的升高；较长时间的大强度有氧训练和无氧训练会使运动后的摄氧量仍处于较高水平，即具有更高的氧债。氧债由一个快速阶段及一个紧随其后的慢速阶段构成。快速阶段为恢复期，是最初数分钟的摄氧量恢复过程，而慢速阶段可能延续到运动后24小时，才恢复至正常的摄氧量水平。慢速阶段的时长取决于运动强度和持续时间。受训者在运动后心肺功能仍保持较高的水平，因为机体需要更多的氧气以合成ATP和CP、氧化乳酸、乳酸糖异生合成糖原、肌红蛋白复氧、恢复血液和组织的氧气浓度、恢复无机离子浓度等。由于存在自主神经和一些激素（如儿茶酚胺、甲状腺素、糖皮质激素、生长激素等）反应的延迟效应，所以机体的产热过程仍在加强，体温仍保持在较高的水平。更高的氧债引起机体更多的能量消耗，这在减脂或控制体重时非常重要。

（二）力量训练的能量代谢问题

力量训练过程中和结束后均能增加摄氧量，但某些因素会影响这一过程。大肌群参与的训练要比小肌群参与的训练摄氧量更大。下肢的力量训练所引起的代谢反应可能会达到60%的最大摄氧量，这表明，传统的抗阻训练对提高最大摄氧量的作用比较有限。

摄氧量与动作速度相关。有研究表明，中速或慢速动作比快速动作的摄氧量更大。还有研究表明，负重蹲起时，爆发式完成比用2秒时间完成的能耗更高（分别为7.3千卡每分钟和6.4千卡每分钟）。高重复次数的力量训练比低重复次数的力量训练摄氧量更高，多组训练的摄氧量高于单组训练。短间歇的训练摄氧量高于长间歇的训练，长间歇的训练由于缺乏连续性，使得代谢反应受到限制，因而影响摄氧量的增加。摄氧量和能耗并不受训练时间的影响，但是如果某项训练能较快完成的话，会比较慢完成的训练摄氧量要低。

训练方案中的一些参数会对代谢产生影响。中高强度、每组较高重复次数、大肌群参与、短间歇的力量训练可以明显增加摄氧量。循环抗阻训练能迅速增加摄氧量和最大摄氧量水平。同样的现象也可以在多组训练、低负荷、短间歇的耐力训练中看到，力量和爆发力训练的摄氧量增加较少，主要是由于间歇时间长且重复次数少。就减脂和增加肌耐力而言，采取较高代谢水平的训练非常重要。

力量训练可以明显提高氧债水平，并可能比有氧训练的幅度更大。女子进行循环抗阻训练的氧债比无氧训练更高。更多的产热、激素反应增强、糖原消耗增多、乳酸浓度增加，以及pH降低、心肺功能增强均能明显提升氧债。抗阻训练后的氧债表现具有双相特点，即在运动结束后1小时内的快速阶段和紧接着的慢速阶段。这种效应可能持续到运动后48小时，尤其当蛋白合成增加和肌纤维损伤发生时。一次产生肌纤维损伤的训练，它的氧债现象甚至可以持续到运动后72小时。力量训练可增加当天的整体能耗水平。宾岑等的研究显示，女性训练后的氧债增加18.6%，脂肪氧化代谢更强，且一直持续到运动后2小时。但是，尽管将EPOC考虑在内，总的净能耗仍有可能被低估。

（三）减脂训练的能量代谢问题

过高的身体脂肪比例会降低人体的运动能力，对膝关节和腰部产生更大的负担。对身体脂肪比例过高的受训者应首先进行减脂训练。减脂涉及饮食和运动，运动能耗的消耗必须超过摄入量，以达到能量负平衡。基础代谢率（Basal Metabolic Rate, BMR）是减脂训练中需要考虑的一个重要因素。

基础代谢率指的是维持身体基本生理活动的最低能耗。BMR 和基础代谢的调节与身体脂肪的燃烧和体重控制密切相关。随着年龄增长，BMR 每 10 年减少 2%～3%。人体一天总的能量消耗由静息代谢率（Resting Metabolic Rate, RMR，占 60%～75%）、身体活动（15%～30%）和食物热效应（10%）构成。RMR 是人体休息时的"通耗"，在某种程度上与 BMR 相似。但 RMR 的测量不需要在严格的条件控制下进行，如不需要 12 小时的禁食和 8 小时的睡眠。BMR 受以下因素影响。

1.体重

体重越重，BMR 越高，瘦体重（Lean Body Mass, LBM）与 BMR 高度相关。这也就是为什么抗阻训练可以增加 BMR，并且可以减少体脂的原因。24 周的抗阻训练可使 RMR 增加 9%，男性的效果比女性要明显。瘦体重每增加 0.5 千克，可引起 RMR 增加 7～10 千卡每天。由于不同性别的体重存在差异，男性的 RMR 比女性高 5%～10%。脂肪组织的代谢活性不如肌肉组织，因此较多的体脂会给 BMR 带来负面影响。

2.运动

有规律的运动可以增强 BMR，这取决于运动强度、运动量、持续时间及动员的肌肉等。有氧训练和抗阻训练可以使 RMR 增加 8%～10%。运动员的瘦体重比未训练者更高，其 BMR 也更高。

3.机体

机体对食物的消化、吸收与对营养素的同化过程，以及摄取营养时对自主神经系统的激活，均能提高 BMR 水平。食物热效应在进食 1 小时后达到峰值。食物中蛋白成分越高，所需要的 BMR 也就越高。这可能有利于抗阻训练后肌肉蛋白合成代谢的增强。高蛋白食物（相较于糖和脂肪摄入的比例）可增加饱腹感和能耗。动物性蛋白和乳清蛋白比其他蛋白质（大豆）引起的食物热效应更强，被认为能更大限度地促进引起饥饿感的激素分泌，从而影响饱腹感。高蛋白食物可以通过上调解偶联蛋白来增强这种热效应。

在进食后所进行的运动可以增加 BMR，这表明，运动可以进一步增强食物热效应。进食后进行中、低强度的运动，可能对那些想控制体重的人更有利。

4.环境

温暖的环境可使 BMR 水平升高。在温暖环境中进行运动可使氧耗增加 5%，热环境中机体温度更高，并有更多的生理性排汗，这将刺激 BMR 水平的升高。冷环境也能刺激 BMR 的升高。机体颤抖产热，BMR 也会升高以适应冷环境。

5.膳食

低热量膳食具有相反的效应。热量摄入的减少可引起 BMR 降低，并导致体重增加。应激反应和激素的动员均能提高 BMR 水平。儿茶酚胺和甲状腺素能引起 BMR 水平的提高。代谢过程所涉及的激素控制也对 BMR 影响较大，但它受到遗传、膳食、应激水平、体力活动等的影响。饮食需要做到平衡膳食，摄入足够的主食和水分（每天至少 8杯水）。每天的总摄入能量中，糖分占 55%～60%，蛋白质占 15%，脂肪（主要是不饱和脂肪）不能超过 25%。要注意增加 BMR，如少吃多餐、更高的蛋白摄取、晨练、不吃蔗糖等。可进行有氧训练，它可以增加脂肪的氧化代谢和 EPOC。力量训练可以提高LBM，进而提高 BMR 和全天的能耗水平。力量训练也像无氧训练一样，可以提高 EPOC水平，进而提高能耗水平。无氧训练结合力量训练可以进一步减少体脂。中高运动量（多组训练，每组至少重复 10～12 次）、中高强度、短间歇的全身性身体训练，可以明显减少体脂。

第二章　力量素质训练

第一节　力量素质的基本知识

力量是运动之源，人体的运动都必须依靠力量的作用才能实现。受训者力量素质水平的高低对其速度、耐力等运动素质水平的发展都有重要影响，同时又是受训者掌握各项运动技术的必要条件。力量训练已经成为体能训练的重要组成部分，强化力量训练意识，落实力量训练内容，对提高受训者的体能素质和整体体能水平均有重要意义。

一、力量素质的概念及分类

（一）力量素质的概念

力量素质是指人的机体或机体的某一部分肌肉工作（收缩和舒张）时克服内外阻力的能力。力量素质是人体进行体育运动的基本素质之一，是获得运动技能和取得优异运动成绩的基础，同时也是人体发展其他身体素质的重要因素。

（二）力量素质的分类

1.根据力量的性质分类

动力性力量，机体在动态时表现出的肌肉力量。

静力性力量，机体在静态时表现出的肌肉力量。

反应力量，机体在速度性负荷作用下引起牵张反射产生的肌肉力量。

2.根据力量与专项的关系分类

一般力量，机体各部位肌肉力量的一般发展水平，是机体在各运动环节克服阻力的工作力量。

专项力量，机体满足专项竞技动作要求的肌肉力量。

3. 根据肌肉收缩的形式分类

向心收缩力量，机体的肌肉在向心收缩时产生的力量。

离心收缩力量，机体的肌肉在被外力拉伸过程中表现出的力量。

等长收缩力量，机体的肌肉在长度不发生变化时表现出的力量。

超等长收缩力量，机体的肌肉在拉长—缩短过程中表现出的力量。

4. 根据力量的训练学分类

最大力量，机体的肌肉克服极限负荷的能力。

快速力量，机体的肌肉在短时间内快速发挥力量的能力。

力量耐力，机体的肌肉在进行静态或动态动作时长时间保持肌肉张力而不降低动作效果的能力。

二、力量素质训练的基本原则

（一）循序渐进原则

无论是动作技能的掌握，还是训练方法与手段以及训练负荷量与强度，都应遵循从泛化到分化、从容易到困难、从小到大的原则，这就是循序渐进原则。力量训练会对中枢神经系统不断产生刺激，从而使其产生适应性改变，科学合理地逐渐增加练习的负荷强度与负荷量，可以使人体不断产生新的生理适应。在负荷训练中，肌肉力量会不断增长。由于力量增长，原来的负荷变成了低负荷，这时如果不增加负荷，则不利于肌肉力量的进一步增长。因此，在力量训练中，需要不断增加阻力，同时增加重量和重复次数。

（二）区别对待原则

在力量训练中，除要遵循对每名受训者都适用的一般训练原则和要求外，还要根据每个人的年龄、身体条件、负荷能力、训练水平等特点，结合体育训练的任务，确定训练目标，采取有针对性的手段和措施，解决训练中出现的个别问题。在力量训练中，区别对待之所以重要，主要是因为每个人都有各自的特点，因此在训练中制定不同的训练指标，确定不同的训练内容，采取某些有区别的训练方法，可以提高训练效果。

（三）适应性原则

在训练过程中，人体各系统与器官机能对各种身体练习是逐步适应的，为了取得进一步的发展，就必须探索和采用新的、有效的手段与方法，如改变握距、站距，变换项目的顺序、强度、次数、运动量等，目的就是力争突破力量训练中的"平台现象"，继续促进肌肉力量的提高。

（四）全面发展原则

力量训练要平衡发展，体育中的许多技术动作都是多环节的联合运动。人体是一个有机的整体，肌肉的分布大部分都是对称的，肌肉的大小有一定的比例，它们之间互相牵引，维持着人体的平衡。肌肉力量发展不平衡，做技术动作就会不协调，也容易出现肌肉拉伤现象。因此，在肌肉力量训练中，应该考虑身体各部分肌肉的全面、平衡发展。此外，在体育体能训练中，除发展体育所需的专项力量外，还要重视协同肌群、对抗肌群的训练，使主动肌和协同肌平衡发展，促进主要肌肉群力量的进一步提高。

三、力量素质训练的基本方法

（一）肌肉肥大训练

肌肉体积增加可以通过两个途径：肌纤维肥大（体积或横截面积增大）和肌纤维增生（数量增加）。肌纤维直径的增加主要是指肌肉横截面的肌纤维密度增加，使其可以容纳较多平行排列的肌节。增加肌肉横截面积则可以直接增加力量和功率输出。基本的肌肉肥大（增肌）训练是发展最大力量的基础训练，机体对这一训练产生的解剖学适应能使肌肉弹性增强。同时，肌肉肥大训练能够刺激肌肉生长，进而增强肌肉张力，但在训练过程中也会产生局部疲劳。在力量训练的最初几周，力量出现增长，但肌肉体积并未发生明显变化，因此该阶段力量的增长主要是由于神经系统对训练产生了适应，8～10 周后，肌肉体积明显增加，此时力量的增长则是神经系统和肌肉体积变化共同作用的结果（表 2-1）。

表 2-1　肌肉肥大训练计划负荷设定

力量类型	重复次数	平均 1RM	练习组数	完成时间	间歇时间
增肌练习	9～12 次	70%～80%	3～6 组	40～70 秒	<1 分钟

注：1RM，可以理解为最大力量、最大负荷重量。例如，一名受训者的卧推最重能举起 100 千克，并且只能举起一次，那么他的 1RM 就是 100 千克。

（二）一般力量训练

在一般力量训练中，要通过神经系统的适应，保证肌肉横截面积增大和肌肉力量增加的平衡。在这一训练过程中，应注意做好正确的基础技术动作，注意训练的灵活性、稳定性，注意受训者的整体代谢容积。

一般力量训练会使肌肉横截面积增大，同时增加肌肉的张力，是日后进行最大力量与爆发力训练的基础；较大的训练负荷和强度会增强肌肉弹性，并能为将来更大负荷的训练做准备；坚持正确的技术动作，以及灵活性、稳定性的训练，有利于受训者获得更有效的力量训练技术，为最大力量和爆发力训练奠定基础（表 2-2）。

表 2-2　一般力量训练计划负荷设定

力量类型	重复次数	平均 1RM	练习组数	完成时间	间歇时间
一般力量	6～8 次	79%～85%	4～8 组	20～40 秒	1～2 分钟

（三）最大（相对）力量训练

最大力量是指人体或人体某一部分肌肉工作时克服最大内外阻力的能力，也指参与工作的肌群或一块肌肉在克服最大内外阻力时，所能动员的全部肌纤维发挥的最大能力。有些项目要求运动员具有较轻的体重但同时又要具有较强的克服自身体重的能力，所以要具有较好的相对最大力量，相对最大力量即单位体重所具有的最大力量。最大力量是通过不断增加训练负荷来增强的，在此过程中肌肉的收缩能力也有所提高。高于最大力量训练负荷可以增加肌肉的张力，同时募集更多运动单位。最大力量训练能有效提高肌肉的做功能力，同时能提高人体在动态、静态、负重情况下的减速能力。

在最大力量训练过程中，组间间歇时必须给予肌肉充分的休息与恢复，由于此过程中要求中枢神经系统达到最大的兴奋性，以及高度的专注和积极性，因此最大力量训练增强了中枢神经系统与肌肉的联系,从而提高了肌肉的协调性和同步性。离心运动的收缩速率能对蛋白质合成产生更强的刺激,因此通常会使肌肉肥大并获得力量增长(表 2-3)。

表 2-3　最大力量训练计划负荷设定

力量类型	重复次数	平均 1RM	练习组数	完成时间	间歇时间
最大力量	≤5 次	85%～100%	6～12 组	<20 秒	3～5 分钟

相对爆发力是指运动员单位体重张力已经开始增加的肌肉以最快的速度克服阻力的能力,而快速力量是指肌肉快速发展力量的能力。相对爆发力和快速力量均由两个有机组成部分决定,即速度和力量。相对爆发力倾向于发展"力量速度",快速力量倾向于发展"速度力量"。

相对爆发力训练在安排重复次数与组数时,应注意以不降低速度为原则,同时要求中枢神经系统保持良好的兴奋状态,但并不是重复次数与组数越多越好。还应注意以极限或接近极限的速度完成练习,在间歇时间安排上以保证运动员完全恢复为原则,但不宜过长,否则容易导致中枢神经系统的兴奋度下降,不利于下面的练习。

快速力量训练在安排重复次数与组数时,也应以不降低速度为原则,负荷重量与负荷强度关系密切,负荷重量越大,则重复次数越少。在间歇过程中可以采用一些积极的休息方式,一方面可以促进恢复,另一方面可以使神经系统保持良好的兴奋状态(表 2-4)。

表 2-4　相对爆发和快速力量训练计划负荷设定

力量类型	重复次数	平均 1RM	练习组数	完成时间	间歇时间
相对爆发力	≤5 次	45%～65%	6～12 组	短时快速	3～5 分钟
快速力量	≤5 次	30%～100%	5～10 组	最大速度	1～3 分钟

在影响相对爆发力和快速力量的因素中,力量起主导作用,因此力量的增长有助于爆发力的发展,但力量绝不等于爆发力。也就是说,比赛中并不是有力量就能把技术运用好,而是需要身体力量素质与速度、技术及协调素质有机结合。

（四）力量耐力与爆发力耐力训练

力量耐力是指肌肉在静力或动力性工作中长时间保持肌肉紧张用力而不降低工作效果的能力，即人体长时间使肌肉保持工作的能力，也用来评价机体对抗疲劳的能力。力量耐力是既有力量又有耐力的综合性素质。爆发力耐力是指肌肉从事多次连续、短时、快速工作的能力。国内大部分专家学者根据肌肉工作的方式，普遍将力量耐力分为动力性力量耐力和静力性力量耐力。动力性力量耐力又可以细分为最大力量耐力（重复发挥最大力量的能力，即上述的力量耐力）和快速力量耐力（重复发挥快速力量的能力，即上述的爆发力耐力）两种。无论动力性力量耐力还是静力性力量耐力，均与最大力量有密切的关系，不同运动员在完成同一负荷重量时的重复次数，主要取决于最大力量。最大力量大、重复次数多，则力量耐力好（表 2-5）。

表 2-5　力量耐力和爆发力耐力训练计划负荷设定

力量类型	重复次数	平均 1RM	练习组数	完成时间	间歇时间
力量耐力	>12 次	≤70%	2～4 组	>70 秒	30～45 秒
爆发力耐力	10～20 次	30%～45%	2～4 组	短时快速	60～90 秒

（五）混合训练

混合训练是为了满足运动员在专项运动中多种力量与爆发力的需求，通过整合上述多种训练形式而进行的综合力量训练。根据不同项目的特殊专项需求，可以将多种训练手段进行组合，比如可以设计以最大力量和肌肉肥大为最终目标的混合训练，或者是以最大力量和最大爆发力为目标的混合训练等。

在训练过程中，混合训练可以提升受训者的力量水平、爆发力水平及耐力水平等。同时，提高综合力量素质能帮助受训者更快地适应多变、复杂的环境（表 2-6）。

表 2-6　混合训练计划负荷设定

力量类型	重复次数	平均 1RM	练习组数	完成时间	间歇时间
最大（相对）力量	≤5 次	85%～100%	6～12 组	<20 秒	3～5 分钟
相对爆发力	≤5 次	45%～65%	5～10 组	短时快速	3～5 分钟
快速力量	≤5 次	30%～100%	5～10 组	最大速度	1～3 分钟
一般力量	6～8 次	79%～85%	4～8 组	20～40 秒	1～2 分钟
肌肉肥大	9～12 次	70%～80%	3～6 组	40～70 秒	<1 分钟

力量类型	重复次数	平均 1RM	练习组数	完成时间	间歇时间
力量耐力	＞12 次	≤70%	2～4 组	＞70 秒	30～45 秒
爆发力耐力	10～20 次	30%～45%	2～4 组	短时快速	60～90 秒

第二节　力量训练的组织与实施

一、力量训练的注意事项

首先，只有在一定重量条件下进行力量训练才可能使力量增大，采用的负荷不同，效果也不同，因此在训练中应做到因人而异，合理安排负荷；其次，要注意超量恢复的问题，运动中要消耗大量能量，停止运动后，分解代谢居次要地位，能量物质合成开始恢复并超过机体原来体内能量物质含量，如果下一次练习是在超量恢复（功能上升并超过原有水平的一段时间内）的阶段进行的，就可以保持超量恢复不会消退，并且能逐步积累练习效果；再次，应合理安排训练间隔时间，使爆发力训练更有效；最后，同一个人的力量训练，在不同年龄时期反应不同，男女力量值的大小也有很大差别。

二、力量训练的具体手段

（一）上肢

1.推

（1）杠铃-卧推（图 2-1）

动作功能：主要发展胸大肌、肱三头肌和三角肌前束等。

起始姿势：平躺在椅上，双手正握杠铃，置于胸部正上方，握距微比肩宽，手臂伸直。

动作步骤：

①手肘张开，竖直放下杠铃至胸部上方；

②快速推起杠铃，回到起始姿势，重复规定次数。

指导要点：全脚掌着地，肩部、背部、头部时刻贴紧椅面；动作过程中，控制双手速度，保持杠铃稳定。

图 2-1　杠铃-卧推

（2）哑铃-球上飞鸟（图 2-2）

动作功能：主要发展胸大肌和三角肌前束。

起始姿势：仰卧于瑞士球上，上、中背部贴紧球面，挺髋同时屈膝呈 90 度夹角，使躯干与大腿在一条直线上；双手正握哑铃，置于胸部正上方，握距与肩同宽，手臂伸直。

动作步骤：

①手肘微屈，张开双臂，放下哑铃至体侧胸部高度；

②手臂内收，回到起始姿势，重复规定次数。

指导要点：保持臀部和腹部收紧，身体不要晃动；保持双脚一直贴紧地面，背部挺直，贴在球上；动作过程中控制双手速度，保持哑铃稳定。

图 2-2　哑铃-球上飞鸟

（3）背包绳-胸前推起（图 2-3、图 2-4、图 2-5）

动作功能：主要发展胸大肌、三角肌前束和肱三头肌等。

起始姿势：

①双手握住背包绳把手，置于胸部正前方，握距微比肩宽，手臂伸直；

②保持躯干稳定，双腿伸直并拢，身体适当前倾，从头到脚呈一条直线，保证背包绳斜挂绷直。

动作步骤：

①保持躯干和下肢不动，屈肘，身体下沉，至肘关节呈 90 度夹角；

②快速推起身体，回到起始姿势，重复规定次数。

指导要点：

①双臂与躯干夹角不要大于 90 度；

②保持挺胸直背，腹部收紧，不要塌腰或翘起臀部，身体不要晃动。

退阶练习：助手辅助完成背包绳-胸前推起。

图 2-3　背包绳-胸前推起

图 2-4　助手辅助完成背包绳-胸前推起

图 2-5　背包绳手握法

（4）负重箱-俯卧撑（图2-6）

动作功能：主要发展胸大肌、三角肌前束和肱三头肌等。

起始姿势：

①俯撑姿势，背负负重箱，双手双脚撑地，双手距离微比肩宽，手臂伸直；

②身体从头到脚呈一条直线。

动作步骤：

①屈肘，身体下沉，至胸部几乎碰到地面，上臂与躯干夹角约为45度；

②匀速推起身体回到起始姿势，重复规定次数。

指导要点：

①保持挺胸直背，身体不要晃动；

②腹部收紧，不要塌腰或翘起臀部。

图2-6　负重箱-俯卧撑

（5）杠铃-上斜卧推（图2-7）

动作功能：主要发展胸大肌、三角肌前束、肱三头肌和前锯肌等。

起始姿势：将卧推椅倾斜角度调节至30度左右，仰卧在椅子上。

动作步骤：

①双手正握杠铃，置于肩部正上方，握距微比肩宽，手臂伸直；

②手肘张开，竖直放下杠铃至肩部上方（肘关节呈90度夹角）；

③匀速推起杠铃，回到起始姿势，重复规定次数。

指导要点：

①全脚掌着地，肩部、背部和头部时刻贴紧椅面；

②动作过程中控制双手速度，保持杠铃稳定。

图 2-7 杠铃-上斜卧推

（6）哑铃-高分腿姿交替弯举至过顶推举（图 2-8）

动作功能：主要发展肱二头肌、三角肌和肱三头肌等。

起始姿势：高分腿蹲姿，双臂弯举，双手反握哑铃置于肩部前方。

动作步骤：

①右臂内旋，放下哑铃至体侧，掌心向后，同时，左臂外旋上举哑铃至头顶，掌心向前，双臂伸直；

②右臂外旋弯举，左臂内旋下降，回到起始姿势；

③左右侧交换，重复以上步骤，完成规定次数。

指导要点：保持挺胸直背，腹部收紧，身体不要晃动；后侧支撑腿臀部收紧。

图 2-8 哑铃-高分腿姿交替弯举至过顶推举

（7）哑铃-站姿过顶推举（图 2-9）

动作功能：主要发展三角肌前束和肱三头肌。

起始姿势：直立姿正常站位，双手直握哑铃，弯举至肩部上方。

动作步骤：

①将哑铃竖直推举至肩部正上方，手臂伸直；

②放下哑铃，回到起始姿势，重复规定次数。

指导要点：保持挺胸直背，腹部收紧，身体不要晃动。

图 2-9　哑铃-站姿过顶推举

（8）背包绳-超人式伸展（图 2-10、图 2-11）

动作功能：主要发展背阔肌、肋间肌群和腹肌等。

起始姿势：

①双手握住背包绳，将手置于胸部正前方，距离微宽于肩，手臂伸直；

②保持躯干稳定，双腿伸直并拢，身体从头到脚呈一条直线，向前倾斜适当角度，保证背包绳斜挂、绷直。

动作步骤：

①保持躯干和下肢不动，将手直臂推举至头顶正上方；

②放下手臂，推起身体，回到起始姿势，重复规定次数。

指导要点：保持挺胸直背，腹部收紧，不要塌腰或翘起臀部，身体不要晃动。

图 2-10　背包绳-超人伸展

图 2-11　进阶练习：单臂超人式交替伸展

（9）背包绳-锯式（图 2-12）

动作功能：主要发展胸大肌上束、肱三头肌、三角肌、肋间肌、腹直肌和腹横肌等。

起始姿势：身体呈平板支撑姿势，双肘撑地，上臂垂直于地面，双脚固定于背包绳把手内，双腿伸直，身体从头至脚呈一条直线。

动作步骤：

①保持肘关节位置不变，伸臂将身体尽可能向后推至上臂与地面成 45 度夹角；

②屈肘回到起始姿势，重复规定次数。

指导要点：保持挺胸直背，腹部收紧，身体从头到脚呈一条直线。

图 2-12　背包绳-锯式

（10）负重箱-站姿肱三头肌伸展（图 2-13）

动作功能：主要发展肱三头肌、背阔肌和大圆肌等。

起始姿势：直立姿正常站位，双手持负重箱置于头部正上方，手臂伸直。

动作步骤：

①保持上臂不动，屈肘将负重箱下降至颈后；

②伸直手臂，回到起始姿势，重复规定次数。

指导要点：保持挺胸直背，腹部收紧，身体不要晃动。

图 2-13　负重箱-站姿肱三头肌伸展

2.拉

（1）杠铃-站姿反握肱二头肌弯举（图 2-14）

动作功能：主要发展肱二头肌、肢肌和肱桡肌等。

起始姿势：直立姿正常站位，双手反握杠铃，握距与肩同宽，手臂自然垂于体前。

动作步骤：

①上臂不动，屈肘举起杠铃，尽可能靠近肩部；

②回到起始姿势，重复规定次数。

指导要点：

①保持挺胸直背，腹部收紧，身体不要晃动；

②弯举过程中，肘部固定且贴近身体。

图 2-14　杠铃–站姿反握肱二头肌弯举

（2）杠铃–站姿耸肩（图 2-15）

动作功能：主要发展斜方肌上束和肩胛提肌。

起始姿势：

①直立姿正常站位，身体微微前倾，膝关节微屈；

②双手正握杠铃，握距约为肩宽的 2 倍，杠铃自然垂于体前。

动作步骤：

①持手臂不动，做耸肩动作，肩膀上提，靠近耳朵；

②回到起始姿势，重复规定次数。

指导要点：保持挺胸直背，腹部收紧，身体不要晃动。

图 2-15　杠铃-站姿耸肩

（3）哑铃-站姿侧平举（图 2-16）

动作功能：主要发展斜方肌上束和三角肌中束。

起始姿势：直立姿正常站位，双手直握哑铃，手臂自然垂于体侧，微屈。

动作步骤：

①保持手肘微屈，手臂向身体两侧抬起，直到肩部高度；

②回到起始姿势，重复规定次数。

指导要点：保持挺胸直背，腹部收紧，身体不要晃动。

图 2-16　哑铃-站姿侧平举

（4）哑铃-站姿前平举（图 2-17）

动作功能：主要发展三角肌前束和斜方肌上束。

起始姿势：直立姿正常站位，双手直握哑铃，手臂自然垂于体侧，手肘微屈。

动作步骤：

①保持手肘微屈，手臂前举至与地面平行；

②回到起始姿势，重复规定次数。

指导要点：

①保持挺胸直背，腹部收紧，身体不要晃动；

②平举过程中，哑铃高度不要超过肩部。

图 2-17　哑铃-站姿前平举

（5）背包绳-简式 W 字外展（图 2-18）

动作功能：主要发展三角肌、斜方肌和背阔肌等。

起始姿势：

①双手反握背包绳把手，手肘微屈，置于胸部正前方；

②两脚前后开立，约一步距离，前侧腿伸直，后侧腿微屈，身体向后倾斜适当角度，保证背包绳斜挂、绷直。

动作步骤：

①肩胛骨内收，屈肘后拉至体侧，肘关节约呈 90 度夹角，同时，肩部外旋，双手向两侧打开，手臂呈类似"W"形；

②回到起始姿势，重复规定次数。

指导要点：

①保持挺胸直背，腹部收紧，身体不要晃动；

②肩胛骨内收，带动手臂完成动作。

图 2-18　背包绳-简式 W 字外展

（6）哑铃-站姿直立提拉（图 2-19）

动作功能：主要发展斜方肌和三角肌中束。

起始姿势：正常站位，双手正握哑铃，手肘挺直。

动作步骤：

①两肩后缩，肘关节上提，垂直向上拉起哑铃至胸部高度；

②回到起始姿势，重复规定次数。

指导要点：保持肩胛骨内收，挺胸直背，腹部收紧。

图 2-19　哑铃-站姿直立提拉

（7）负重箱-俯身姿后拉（图2-20）

动作功能：主要发展斜方肌、背阔肌、三角肌后束、菱形肌和肱二头肌等。

起始姿势：俯身姿站立，双手握负重箱把手，自然下垂于体侧，保持背部平直。

动作步骤：

①肩胛骨内收，屈臂抬肘，将负重箱沿体侧竖直上提至腹部高度；

②放下负重箱，回到起始姿势，重复规定次数。

指导要点：

①保持挺胸直背，腹部收紧，身体不要晃动，肩胛骨内收，带动手臂后拉完成动作；

②上提过程中保持肘部贴近身体。

图2-20　负重箱-俯身姿后拉

（8）背包绳-悬垂后拉（图2-21、图2-22）

动作功能：主要发展背阔肌、斜方肌、三角肌后束、肱二头肌和肩袖肌群等。

起始姿势：

①将背包绳固定在单杠上，调节至适合高度；

②双手握住背包绳把手，握距与肩同宽，身体自然悬挂于背包绳下方；

③挺胸直背，双腿伸直，身体从头到脚呈一条直线。

动作步骤：

①肩胛骨内收下沉，屈肘将胸部拉近单杠；

②伸直手臂，回到起始姿势，重复规定次数。

指导要点：

①保持臀部和腹部收紧，不要屈髋；

②手腕绷直。

图 2-21　背包绳-悬垂后拉

图 2-22　进阶练习：背包绳-腹部负负重箱悬垂后拉

（9）背包绳-简式单臂后拉旋转（图 2-23）

动作功能：主要发展背阔肌、斜方肌、三角肌后束、肱二头肌和肩袖肌群等。

起始姿势：

①将背包绳固定在单杠上，调节至适合高度；右手放在胸口，左手直握把手，左臂伸直，平举于胸前；

②两脚前后开立约一步距离，右腿在前伸直，左腿微屈，身体向后倾斜适当角度，躯干转向右面，保证背包绳斜挂绷直。

动作步骤：

①肩胛骨内收，手肘张开，左臂屈肘，将胸部向背包绳拉近，同时，躯干转向正面；

②伸直手臂，回到起始姿势，重复规定次数；

③换至对侧，重复以上步骤。

指导要点：

保持臀部和腹部收紧，不要屈髋；手腕绷直。

图 2-23　背包绳-简式单臂后拉旋转

（二）躯干

1.负重箱-站姿旋转推举（图 2-24）

动作功能：加强身体的旋转稳定性，提高动力链能量传递效率，主要发展臀大肌、股四头肌、腘绳肌、腹内斜肌和腹外斜肌等。

起始姿势：运动姿正常站位，双手持负重箱置于胸前。

动作步骤：

①保持双脚位置不变，转身至一侧，重心移至左脚，屈膝、屈髋，将负重箱下移至左膝外侧；

②伸膝、伸髋站起，转身至右侧，重心移至右脚，将负重箱向头顶右上方举起，双腿、双臂伸直；

③回到起始姿势，重复规定次数；

④换至对侧，重复以上步骤。

指导要点：保持挺胸直背，腹部收紧，身体不要晃动。

图 2-24　负重箱-站姿旋转推举

2.背包绳-髋部下沉（图 2-25）

动作功能：加强身体的旋转稳定性，主要发展竖脊肌和腰方肌。

起始姿势：

①身体左侧正对背包绳，双手合十握住把手，置于头顶正上方，双臂伸直；

②保持躯干稳定，双腿伸直，身体从头到脚呈一条直线，向外倾斜适当角度，双脚并拢，保证背包绳斜挂绷直。

动作步骤：

①保持双脚位置不变，髋部向右侧摆动，身体左侧微屈；

②保持右臂伸直，回到起始姿势，重复规定次数；

③换至对侧，重复以上步骤。

指导要点：

①保持挺胸直背，腹部收紧，双腿伸直；

②不要屈髋或塌腰。

图 2-25 背包绳-髋部下沉

3.背包绳-俯撑提膝（图 2-26）

动作功能：加强身体的旋转稳定性，主要发展髂腰肌、前锯肌、腹直肌、腹横肌和肩部肌群等。

起始姿势：

①俯撑姿势，两手撑在背包绳把手上，手臂伸直，双手距离微比肩宽；

②身体从头到踝呈一条直线。

动作步骤：

①保持躯干不动，单腿屈髋、屈膝至大腿与身体垂直；

②回到起始姿势，重复规定次数。

指导要点：

①保持挺胸直背，身体不要晃动；

②腹部收紧，不要塌腰或翘起臀部；

③保持肩部稳定，肩关节始终在腕关节正上方。

图 2-26　背包绳-俯撑提膝

4.背包绳-俯桥屈髋屈膝（图 2-27、图 2-28）

动作功能：增强躯干稳定性，主要发展前锯肌、腹直肌、腹横肌、竖脊肌和腰方肌。

起始姿势：

①俯桥姿势，双肘撑地；

②双脚分别撑在背包绳两个把手上，双腿伸直，身体从肩到踝呈一条直线。

动作步骤：

①双腿向身体方向屈髋、屈膝；

②回到起始姿势，重复以上步骤，完成规定次数。

指导要点：

①保持挺胸直背，腹部收紧，双腿伸直；

②不要塌腰或翘起臀部；

③保持肩部稳定。

图 2-27　背包绳-俯桥屈髋屈膝

图 2-28　进阶练习：背包绳-俯桥交替屈髋屈膝

5.背包绳-侧平板旋转伸臂（图 2-29）

动作功能：加强身体的旋转稳定性，主要发展前锯肌、腹直肌、腹横肌、腹内斜肌、腹外斜肌、竖脊肌和腰方肌等。

起始姿势：

①侧平板姿势，右手撑地，左手竖直向上，双臂伸直呈一条直线；

②双脚前后错开，分别撑在背包绳两个把手上，双腿伸直，身体从肩到踝呈一条直线。

动作步骤：

①左臂内收，带动躯干右转，至左手穿过右侧腋下；

②回到起始姿势，重复规定次数；

③换至对侧，重复以上步骤。

指导要点：

①保持挺胸直背，腹部收紧；

②转体时保持肩部稳定，手撑一侧肩关节始终在腕关节正上方。

图 2-29　背包绳-侧平板旋转伸臂

6.背包绳-匍匐前进（图 2-30）

动作功能：加强身体的体育专项爆发力，提高动力链能量传递效率，主要发展全身各部位肌肉的力量以及身体协调性。

起始姿势：

①双手握背包绳置于胸部高度，呈运动基本姿势；

②左手握背包绳，左臂伸直，右手握背包绳置于体侧胸部高度。

动作步骤：

①快速伸膝、伸髋站起，躯干向左旋转，同时，左臂弯曲，将背包绳拉至下胸部，右臂伸直，将背包绳推至体前；

②回到起始姿势，重复规定次数；

③换至对侧，重复以上步骤。

指导要点：

①站起时，挺胸直背，腹部收紧；

②旋转时，避免肩部过度旋转；

③膝关节不要超过脚尖或内扣。

图 2-30　背包绳-匍匐前进

（三）下肢

1.推

（1）杠铃-前蹲（图 2-31）

动作功能：主要发展股四头肌、臀大肌、腘绳肌和三角肌前束等。

起始姿势：直立姿势正常站位，双手正握杠铃，握距微比肩宽，抬起上臂，使之与地面平行，将杠铃置于颈前肩上。

动作步骤：

①锁住双肩，屈髋、屈膝下蹲，直至大腿与地面平行；

②快速站起，回到起始姿势，重复规定次数。

指导要点：

①挺胸直背，腹部收紧；

②上臂始终与地面平行；

③膝关节不要超过脚尖或内扣，脚跟不要抬离地面；保持脚尖方向竖直向前。

图 2-31　杠铃-前蹲

（2）杠铃-过顶深蹲（图 2-32）

动作功能：主要发展股四头肌、臀大肌、腘绳肌、斜方肌和三角肌等。

起始姿势：直立姿势正常站位，双手正握杠铃，置于头顶，握距约为肩宽的 2 倍，手臂伸直。

动作步骤：

①双手持杠铃在肩部正上方，锁住双肩，屈髋、屈膝下蹲，直至大腿与地面平行；

②迅速站起，回到起始姿势，重复规定次数。

指导要点：

①挺胸直背，腹部收紧，身体不要晃动；

②保持肩部稳定，手腕伸直，杠铃始终位于身体重心正上方；

③膝关节不要超过脚尖，不要内扣，脚跟不要抬离地面，保持脚尖方向竖直向前。

图 2-32　杠铃-过顶深蹲

（3）哑铃-侧向深蹲（图 2-33）

动作功能：主要发展股四头肌、臀大肌、腘绳肌和内收肌群等。

起始姿势：直立姿势，窄站位；双手直握哑铃，自然垂于体侧。

动作步骤：

①保持右腿伸直，左脚向外跨一大步，屈髋、屈膝下蹲，直至大腿与地面平行，左臂自然垂于左腿外侧，右臂自然垂于双腿之间；

②左腿蹬离地面，快速站起，回到起始姿势，重复规定次数；

③换至对侧，重复以上步骤。

指导要点：

①保持挺胸直背，腹部收紧；

②双脚始终保持贴紧地面；

③膝关节不要超过脚尖或内扣，脚跟不要抬离地面。

图 2-33 哑铃-侧向深蹲

（4）负重箱-过头举分腿蹲（图 2-34）

动作功能：主要发展股四头肌、臀大肌、腘绳肌等。

起始姿势：直立姿势站立，双手上举负重箱于头顶正上方。

动作步骤：左腿屈髋、屈膝，向体前迈步，呈分腿蹲姿势后，左腿蹬伸站起，右腿回到起始姿势，交替进行，重复规定次数。

指导要点：

①保持挺胸直背，腹部收紧，双臂上举时尽可能伸直；

②膝关节不要超过脚尖或内扣，脚跟不要抬离地面。

图 2-34　负重箱-过头举分腿蹲

（5）负重箱-相扑式深蹲（图 2-35）

动作功能：主要发展股四头肌、臀大肌等。

起始姿势：直立姿势，宽站位，两脚尖竖直向前，双手持负重箱自然垂于体前。

动作步骤：

①屈髋、屈膝下蹲，直至大腿与地面平行；

②快速站起，回到起始姿势，重复规定次数。

指导要点：

①保持挺胸直背，腹部收紧；

②膝关节不要超过脚尖或内扣，脚跟不要抬离地面；

③保持脚尖方向竖直向前。

图 2-35 负重箱-相扑式深蹲

2.拉

（1）杠铃-硬拉（图 2-36）

动作功能：主要发展臀大肌、竖脊肌和腘绳肌等。

起始姿势：下蹲姿势，双脚平行开立，比髋稍宽，双手正握杠铃，握距微比肩宽，杠铃贴近小腿。

动作步骤：

①贴近腿部竖直提拉杠铃，髋部向前，匀速站起至身体直立；

②放下杠铃，回到起始姿势，重复规定次数。

指导要点：

①挺胸直背，两肩后张，肩胛骨内收，腰腹收紧；

②提拉过程中，保持杠铃贴近腿部。

图 2-36 杠铃-硬拉

（2）哑铃-罗马尼亚硬拉（图 2-37）

动作功能：主要发展臀大肌、竖脊肌和腘绳肌等。

起始姿势：直立姿势正常站位，双手正握哑铃，自然垂于体前，距离与肩同宽，双臂伸直。

动作步骤：

①双膝微屈，向后屈髋，上身前倾，下沉至几乎与地面平行；

②伸髋提拉哑铃站起，回到起始姿势，重复规定次数。

指导要点：

①保持挺胸直背，肩胛骨内收，腰腹收紧；

②做动作过程中，保持哑铃贴近腿部，支撑腿膝盖微屈。

图 2-37 哑铃-罗马尼亚硬拉

（3）哑铃-单腿罗马尼亚硬拉（图 2-38）

动作功能：主要发展腘绳肌和臀大肌等。

起始姿势：直立姿单腿站立，左腿悬空，双手正握哑铃，自然垂于体前，握距与肩同宽，双臂伸直。

动作步骤：

①保持双臂自然下垂，以右髋为轴，左腿伸直向后抬起，同时身体前倾，直至身体和左腿连线几乎与地面平行，右腿微屈；

②左腿下降，同时身体逐渐直起，回到起始姿势，重复规定次数；

③换至对侧，重复以上步骤。

指导要点：保持躯干和抬起腿同步运动。动作过程中，保持哑铃贴近腿部，支撑腿膝盖微屈。

图 2-38　哑铃-单腿罗马尼亚硬拉

（4）壶铃-甩摆（图 2-39）

动作功能：提高动力链能量传递效率，发展全面爆发能力，主要发展臀大肌、竖脊肌和腘绳肌等。

起始姿势：直立姿宽站位，双手正握壶铃，自然垂于体前，双臂伸直。

动作步骤：

①保持背部平直，双膝微屈，向后屈髋，双臂将壶铃甩摆至胯下，同时上身前倾，

下沉至几乎与地面平行；

②保持双臂伸直，快速伸髋站直，将壶铃上摆至头部高度；

③连续重复以上步骤，完成规定次数。

指导要点：保持挺胸直背，肩胛骨内收，腰腹收紧。

图 2-39　壶铃-甩摆

（5）万向轮-仰卧弯腿（图 2-40）

动作功能：主要发展臀大肌、腘绳肌、竖脊肌和腰方肌等。

起始姿势：仰卧在地板上，双手置于身体两侧，掌心向上，双腿伸直，脚跟置于万向轮上。

动作步骤：

①保持身体从肩到脚呈一条直线，将臀部抬离地面；

②保持髋关节角度不变，屈膝，用脚跟将万向轮拉向臀部，直至膝关节呈 90度夹角。

③伸膝，将万向轮推离臀部，回到起始姿势，重复规定次数。

指导要点：

①保持挺胸直背，腹部收紧，踝关节呈 90 度夹角；

②推、拉万向轮时，保持臀部收紧，不要下沉。

图 2-40 万向轮-仰卧弯腿

（四）全身

1.杠铃-高拉（图 2-41）

动作功能：提高动力链能量传递效率，提升全面爆发力，主要发展臀大肌、股四头肌、腘绳肌、内收肌、腓肠肌、比目鱼肌和斜方肌等。

起始姿势：双脚平行开立，站距比髋稍宽，呈下蹲姿势，双手正握杠铃，握距微比肩宽，置杠铃于小腿胫骨前。

动作步骤：

①匀速站起，同时竖直拉起杠铃；

②杠铃过膝后，快速地伸髋、膝和脚踝，髋、膝、踝充分伸展的同时快速耸肩，并且屈肘提拉杠铃至锁骨高度；

③回到起始姿势，重复规定次数。

指导要点：

①开始时，保持挺胸直背，肩胛骨内收，使杠铃位于胸部正下方；

②膝关节不要超过脚尖或内扣；

③在充分伸髋后再用上肢提拉杠铃。

图 2-41 杠铃-高拉

2.杠铃-高翻（图 2-42）

动作功能：提高动力链能量传递效率，提升全面爆发力，主要发展臀大肌、股四头肌、腘绳肌、内收肌、腓肠肌、比目鱼肌和斜方肌等。

起始姿势：双脚平行开立，站距比髋稍宽，呈下蹲姿势，双手正握杠铃，握距微比肩宽，置杠铃于小腿胫骨前。

动作步骤：

①匀速站起，同时竖直拉起杠铃；

②快速伸髋站起，同时快速耸肩，屈肘抬起前臂，提拉杠铃；

③当肘部抬至最高且身体完全伸展时翻肘、翻腕，绕杠铃旋转，之后身体下蹲约1/4，至杠铃下方；

④匀速站起，同时竖直拉起杠铃；

⑤杠铃过膝后，快速地伸髋、膝和脚踝，髋、膝、踝充分伸展的同时快速耸肩，并且屈肘提拉杠铃至锁骨高度；

⑥回到起始姿势，重复规定次数。

指导要点：

①开始时，保持挺胸直背，肩胛骨内收，使杠铃位于胸部正下方；

②膝关节不要超过脚尖或内扣；在充分伸髋后再用上肢提拉；

③提拉过程中，保持肘高于手，杠铃贴近身体；

④提拉过程中，可踮起脚尖或跳离地面，以产生更大的爆发力。

图 2-42　杠铃-高翻

3.杠铃-悬垂抓举（图 2-43）

动作功能：提高动力链能量传递效率，提升全面爆发力，主要发展臀大肌、股四头肌、腘绳肌、内收肌、腓肠肌、比目鱼肌和斜方肌等。

起始姿势：直立姿势，宽站位，双手正握杠铃，握距约为肩宽的 2 倍。

动作步骤：

①背部挺直下蹲，当杠铃下降至膝关节下方时，快速伸髋、伸膝，同时迅速耸肩、抬肘，向上提拉杠铃；

②当肘部抬至最高且身体完全伸展时，身体下蹲至杠铃正下方呈半蹲位，同时保持手臂完全伸直，以支撑杠铃；

③身体保持稳定后站直，贴近大腿放下杠铃；

④回到起始姿势，重复规定次数。

指导要点：

①开始时，保持挺胸直背，肩胛骨内收；

②膝关节不要超过脚尖或者内扣；

③在充分伸髋后再用上肢提拉杠铃；

④提拉过程中，保持肘高于手，杠铃贴近身体；

⑤提拉过程中，可踮起脚尖或跳离地面，以产生更大的爆发力。

图 2-43　杠铃-悬垂抓举

4.杠铃-1/2 奥林匹克挺举（图 2-44）

动作功能：提高动力链能量传递效率，提升全面爆发力，主要发展臀大肌、股四头肌、腘绳肌、内收肌、腓肠肌、比目鱼肌、斜方肌和三角肌等。

起始姿势：直立姿势正常站位，屈肘正握杠铃，置于肩前，握距与肩同宽。

动作步骤：

①向后屈髋、屈膝至 1/4 蹲位，然后迅速跳起；

②当下肢完全伸展时，快速将杠铃推举过头顶至双臂伸直，落地呈分腿蹲姿；

③先收后侧腿，再收前侧腿，回到起始姿势，重复规定次数。

指导要点：

①开始时，保持挺胸直背；

②膝关节不要超过脚尖或者内扣；

③在充分伸髋后再用上肢推举；

④动作过程中，可踮起脚尖或跳离地面，以产生更大的爆发力。

图 2-44 杠铃-1/2 奥林匹克挺举

5.哑铃-前蹲至过顶推举（图 2-45）

动作功能：提高动力链能量传递效率，提升全面爆发力，主要发展斜方肌、三角肌、臀大肌、股四头肌和腘绳肌等。

起始姿势：直立姿势正常站位，双手直握哑铃，置于肩上耳侧，握距与肩同宽。

动作步骤：

①保持手臂姿势不变，屈髋下蹲至大腿与地面平行；

②伸髋站起，同时将哑铃推举过头顶至手臂伸直；

③回到起始姿势，重复规定次数。

指导要点：

①保持挺胸直背，腹部收紧；

②下蹲时，保持重心在脚跟，膝关节不要超过脚尖或者内扣；

③推举过程中，保持肩胛骨内收。

图 2-45　哑铃-前蹲至过顶推举

6.哑铃-单臂分腿蹲至过顶推举（图 2-46）

动作功能：提高动力链能量传递效率，提升全面爆发力和力量，主要发展斜方肌、三角肌、臀大肌、股四头肌和腘绳肌等。

起始姿势：直立姿势站立，右手正握哑铃，置于肩上耳侧，左手自然悬垂于体侧。

动作步骤：

①右腿向后迈出，呈分腿蹲姿势后快速站起，推举哑铃至肩部正上方，手臂伸直；

②回到起始姿势，重复规定次数；

③换手握住哑铃，重复以上步骤。

指导要点：

①保持挺胸直背，腹部收紧；

②膝关节不要超过脚尖或内扣；

③推举过程中，保持肩胛骨内收。

图 2-46 哑铃-单臂分腿蹲至过顶推举

7.哑铃-土耳其起身（图 2-47）

动作功能：提高动力链能量传递效率，提升全身综合力量，主要发展腹直肌、腹内外斜肌、臀大肌、股四头肌、腘绳肌、内收肌、小腿三头肌、斜方肌和三角肌等。

起始姿势：

①仰卧姿，左腿伸直，右腿屈膝约呈 90 度夹角，脚踏于地面；

②右手直握哑铃，置于胸部上方，手臂伸直且垂直于地面，左臂置于地面，与身体约呈 45 度夹角，掌心朝下；

③双眼直视哑铃。

动作步骤：

①上身按照右肩、左肩、腰背的顺序快速挺起离地，以左前臂撑起身体；

②上身挺起，挺胸直背，左手伸直撑地；

③右腿及臀部用力，左侧髋向上抬起，左手支撑地面，使身体从头至左脚踝呈一条直线；

④左腿向后移动，单膝跪地，使左膝、踝与左手在一条直线上；

⑤身体挺直，身体呈半跪姿；

⑥站起，呈直立姿基本站位，目视前方；

⑦回到起始姿势，重复规定次数；

⑧换至对侧，重复以上步骤。

指导要点：动作过程中，保持挺胸直背，持哑铃手臂与地面保持垂直；站起前，右臂保持不变，眼睛直视哑铃。

图 2-47　哑铃-土耳其起身

第三章 速度素质训练

第一节 速度素质的基本认识

一、速度素质的概念及分类

（一）速度素质的概念

速度素质是指人体进行快速运动的能力或在最短时间内完成某种运动的能力。快速运动反映了机体运动的加速度和最大速度，加速度和最大速度由爆发力决定。

（二）速度素质的分类

1. 反应速度

反应速度是指人体对各种信号刺激（声、光、触等）快速反应的能力。反应速度的快慢主要取决于兴奋通过反射弧所需时间的长短、中枢神经系统的机能状态和运动条件反射的巩固程度。

2. 动作速度

动作速度是指人体快速完成动作的能力。动作速度是技术动作不可缺少的要素，表现为人体完成某一技术动作时的击打速度、蹬伸速度、踢踹速度等，还包括在单位时间内连续完成单个动作时重复的次数。

3. 位移速度

位移速度是指人体在特定方向上移动的速度，以单位时间内机体移动的距离为评定指标。从运动学上讲，位移速度是单位时间内机体移动的距离与通过该距离所用的时间之比。在体育运动中，通常以人体通过固定距离所用的时间来表示，如男子 100 米跑

10 秒、100 米自由泳 50 秒等。

二、速度素质训练的基本原则

（一）与专项训练紧密结合

速度训练要与专项训练密切结合，形成可以反映任务的专项训练模式，从而使任务动作的完成速度快于对手。体育技术速度和运动竞技速度有明显区别。例如，竞技运动中乒乓球挥拍的速度，杠铃抓举的速度等，在体育技术速度中迁移价值不高；而有些竞技运动速度训练可以迁移，比如起跑的速度训练、躲闪的速度训练等，我们要尽量选择那些可迁移的速度训练方式。体育体能训练中的速度素质训练要与体育专项训练相结合，如体育格斗中的前踢腹股沟速度训练等。

（二）增加肌肉力量

力量素质是影响速度素质的一个重要因素，尤其是对短跑运动员来说，腿部力量对增加步长是十分重要的，除负重训练外，还可进行一些超等长练习（如连续单腿跳、蛙跳等）来发展腿部力量。发展腿部肌肉力量的训练不仅包括促使肌纤维细胞中的线粒体数量增多、改善微循环的以有氧代谢供能为主的训练，还包括促使肌肉绝对力量增加的以无氧代谢供能为主的训练，二者应紧密结合，这样才能使肌肉有氧和无氧最大代谢能力均得到增强。以肌肉有氧代谢供能为主的训练主要采用 40%～60%强度的多次重复负重练习；以无氧代谢供能为主的训练主要采用 75%～100%最大强度的训练，如深跳、负重杠铃深蹲、蹲跳等。

（三）重点发展无氧代谢能力

如前所述，增加肌肉力量应兼顾有氧训练和无氧训练，有氧训练可作为重复练习时的疲劳恢复手段，但要重点发展机体的无氧代谢能力。速度训练应以强度较大的无氧训练为主，约占全部训练量的 75%，如采用各种加速跑、冲刺跑等，能有效提高机体的无氧代谢能力。

（四）采用不同方式提高速度素质

长期采用同一种方式进行速度训练会使受训者形成一种定势，不利于受训者运动能力的提高。以多种方式进行训练不仅能增强受训者完成动作的兴趣，还有利于提高受训者的速度素质。例如，可运用转动跑道、惯性跑道、牵引机等多种装置，或者交替进行各种短跑训练，均能取得良好的效果。

（五）提高肌肉放松能力

肌肉放松能力也是影响人体速度素质的重要因素之一。肌肉放松能力的提高能促进全身血液循环，改善肌肉内部的代谢过程，有利于 ATP 合成。同时，可以减少肌肉快速收缩时的阻力，从而增加肌肉收缩的速度和力量。研究表明，在力量训练后进行放松练习的受训者，其运动成绩明显提高。

（六）改进技术动作

只有掌握正确的技术动作，轻松、协调地完成动作，机体才能发挥出应有的速度水平。因此，改进技术动作是提高速度素质的一个重要途径。

第二节　速度素质训练的组织与实施

一、反应速度训练

（一）起跑反应速度训练——10 米快速折返跑

训练目的：增强受训者听到发令枪或者口令后快速起跑完成冲刺的能力。这种能力有利于受训者在遇到危险时快速做出奔跑应激反应。

训练动作详解：蹲踞式起跑，主发力腿在后，前脚脚尖距起跑线一个半脚掌，后脚脚尖放在前脚脚后跟的平行线上。双手撑于地面，紧贴起跑线。头自然下垂，等候发令。

听到"预备"口令时，自然深吸气，同时抬起臀部，稍高于肩，不要过度用力使身体前倾。不要将头抬起，会影响整体发力结构的平衡。

听到"开始"口令后，双手撑推地面，发力大幅度向后摆动；在推离地面后，身体依然大幅度前倾，随着步幅频率的加快，身体在快到达10米终点时挺起。10米跑过程中，始终保持身体重心在前，起跑的前5步为蹬地期，靠地面反向力使身体获得更大的加速度。接近10米终点时，急停、绕标、返回起点。

组次数安排：4～8组，每组1次10米折返。

注意事项：教官可在喊出"预备"口令后，以不等的时间间距接"开始"口令，进一步训练受训者在不均匀口令下的反应能力。

（二）变向反应速度训练

训练目的：增强受训者在变动的声音信号下及时做出正确身体方位反应的能力。对于任何身体站立移动练习来说，第一步都是最关键的，变向反应速度训练正是训练人体在不同方位上迈开第一步的移动反应能力。

训练动作详解：站立，一脚前、一脚后呈格斗架势。教官随机喊出"前进""后退""左移""右移"口令，受训者完成相应的变向滑步。例如，听到教官喊"前进"时，后脚蹬地前推身体，前脚贴地前进，然后后脚快速跟上，恢复起始姿势。然后，教官随机喊出其他口令，受训者迅速做出正确的反应。最终，通过训练提高受训者的变向反应速度能力。

组次数安排：4～6组，每组1～2分钟，教官不停变换口令。

注意事项：滑步移动要按照"后脚推—前脚迈—后脚跟"的动作顺序。如左侧滑步动作过程为右脚向右侧蹬地，左脚向左贴地迈出，右脚快速跟上。

（三）体位变换反应速度训练——卧蹲站跳体位变换反应速度训练

训练目的：增强受训者在两腿平行状态下从站立位开始完成俯卧、蹲下、跳起等动作时的快速反应能力。这种能力为受训者进一步的体能体位变化奠定基础。

训练动作详解：站立，站距与肩同宽。教官随机喊出"跳起""俯卧""下蹲"口令，受训者根据口令完成相应的体位变化动作。例如，听到教官喊"下蹲"时，屈髋屈膝，身体后坐，大腿与地面平行（膝关节不超过脚尖），同时两臂向前平举，完成徒手深蹲动作；听到教官喊"跳起"时，完成屈膝纵跳动作，再回到站立位。最终，通过训练提高所有受训者的体位变换反应速度。

组次数安排：4～8组，每组2～3分钟。

注意事项：训练熟练后，起始动作可以不拘泥于站立位，也可以将俯卧位、下蹲位作为起始动作。

（四）手靶复合反应速度训练

训练目的：增强受训者连续变换手部动作的反应能力。该训练是使运动员对声音信号、触觉信号、视觉信号做出综合反应，是一种更加接近实战的反应速度训练。

训练动作详解（图3-1）：两名受训者为一组，一人手持手靶，一人裸拳呈格斗架势。攻击者听持靶者随机口令"1""2""3""4"等，完成相应数量的直拳连击动作；听到口令"摆1""摆2""摆3""摆4"等，完成相应数量的摆拳连击动作；听到口令"勾1""勾2""勾3""勾4"等，完成相应数量的勾拳连击动作。训练时要配合步伐的移动，持靶者要不断变换位置，进一步训练攻击者的反应速度。

组次数安排：3～6组，每组3～5分钟。

图 3-1　手靶复合反应速度训练

二、动作速度训练

（一）弹力带增强式投掷动作速度训练

训练目的：利用弹力带阻力逐渐变大的特点，提高投掷铅球的发力速度，从而进一步增强受训者的爆发力。

训练动作详解（图 3-2）：先将弹力带固定，右手握住弹力带 O 型手柄，下颌向右转，右臂屈肘，掌心向内，上臂与肩齐平或略低于肩，左臂自然平举，两眼平视前方。右腿迅速蹬转，做滑步动作，左脚积极着地。滑步结束后，右髋向推手柄方向转动，努力保持肩轴与髋轴的扭紧姿势，上体在转动中逐渐抬起。为加快上体转动和抬起，左臂由胸前向推手柄方向牵引摆动，此时肩轴仍落后于髋轴，左臂和左肩高于右肩，身体大部分重量仍在弯曲而压紧的右腿上，身体呈侧弓姿势，拉长的肌群蓄力待发，为右手最后做出用力投掷的动作创造条件。右腿继续蹬伸，加速右髋向推手柄方向转动和上体的前移，重心逐渐移至左腿，左膝被动微屈。左臂由上向身体左侧靠压，同时快速转体，挺胸抬头，用力推出手柄。手柄推出手的角度一般是 35 度至 40 度。

图 3-2　弹力带增强式投掷动作速度训练

　　整个动作是一个蹬右腿、扭髋、胸椎扭转、向前送肩、伸肘、斜上推、重心向左脚移动的链式发力过程。完成动作后，缓慢收回手柄至起始位置，再完成第二次弹力带增强式投掷动作。推出时呼气，回放时吸气。为了保证身体肌肉平衡，也可以在完成右手弹力带增强式投掷动作后，再完成同样组次数的左手弹力带增强式投掷动作。

　　组次数安排：4～6 组，每组 10 次。

　　注意事项：在发力过程中，右腿正确地蹬伸用力，髋部正确地扭转运动，都是提高动作速度的关键。其中髋部动作将直接影响转体和身体侧弓动作的完成。

（二）直拳速度训练

1.直拳哑铃动作链训练

　　直拳的速度训练不仅可以直接提高直拳的攻击速度、攻击爆发力和单位时间的攻击频率，还可以加快出手速度。

训练目的：良好的动作肌肉链是保证动作速度和整体爆发力输出的关键，肌肉链的协调会减少肌肉间的黏滞性，降低拮抗肌和软组织的内部阻力。哑铃负重的目的是刺激肌肉链中肌肉的生长，尤其是刺激三角肌的功能性增长。

训练动作详解（图3-3）：受训者双手各持一只哑铃，左脚在前，右脚在后，双手持哑铃护住下颚侧面，以格斗势站立。蹬右腿，右侧踝关节内扣同时脚尖点地（右腿小腿三头肌发力向左微转腰，腹外斜肌和腹内斜肌发力收腹）送右肩（右侧三角肌发力），伸右臂（右侧肱三头肌发力），右腕旋前（由拳眼向上转为拳眼向左），打出强有力的一记右直拳。整个过程一气呵成，每一个细节动作都在上一个细节动作的力量和速度的基础上加上新的力量和速度，就像挥出去的鞭子一样，威力最大的鞭梢即为拳锋。然后收右拳，蹬左腿，左脚脚跟内扣，向右微转腰，收腹，送左肩，伸左臂，向内旋腕，打出强有力的一记左直拳。左右直拳交替进行，可以明显感觉到两侧肩膀三角肌前束酸痛。

图 3-3　直拳哑铃动作链训练

组次数安排：4组，每组30～50次。

注意事项：使用哑铃训练前要先熟练掌握徒手直拳的技术动作；训练时格斗架势的正架和反架都要练，达到任何状态下都可以出拳的训练效果。

2. 即时快击训练

训练目的：提高受训者单位时间内的出手频率。

训练动作详解：快速用直拳连续攻击沙袋或手靶，攻击中间没有间隔。1分钟连续不停攻击，然后计算攻击次数。

训练组次数：4～6组，每组1分钟。

注意事项：动作轻快有力，并注意步伐的配合；训练进行 30 秒后可以更换一次格斗姿势。

3. 直拳的核心动作速度训练

训练目的：把出拳扭腰动作与实际击靶动作结合在一起，增强出拳时的核心力量，提高核心动作衔接速度，从而提高直拳实际速度和爆发力。

训练动作详解（图 3-4）：双人训练，助手持手靶站立，两腿自然分开，腿微曲。受训者面向助手，后倒，呈仰卧状，双脚从助手脚踝内侧勾住助手的腿，以固定身体。然后爆发性用力，卷腹、胸椎向左扭转、右肩送肩、伸臂、右腕旋前，仰卧起坐的同时打出一记右直拳攻击手靶；然后继续后仰，再爆发性用力，仰卧起坐的同时打出一记左直拳攻击手靶；两拳交替，完成规定次数。身体起坐时呼气，身体仰躺时吸气。

组次数安排：4 组，每组 50～80 次。

注意事项：助手要将靶面微向内扣，以加大受训者胸椎扭转的幅度。

图 3-4 直拳的核心动作速度训练

（三）启动冲刺速度训练——10米启动冲刺

训练目的：提高受训者由静止状态突然应激性冲锋或撤离的启动速度。该训练对快速启动冲锋、快速撤离、快速转移都有良好的训练效果。作为全天候启动速度训练的基础训练，只有顺利完成该训练，能进行全天候启动速度训练。

训练动作详解：

预备姿势：屈体，两手撑地，有力腿在前，后脚距前脚一脚至一脚半，两个脚中轴线间隔15厘米（约一拳半），两脚依次蹬地。两手撑于地面，两手拇指相对，其余四指并拢或稍分开与拇指呈八字形，虎口向前做弹性支撑。手距略宽于肩，两臂伸直，肩微微向前；头与躯干保持在一条直线上，颈部自然放松，两眼斜视前方半米处，身体重量均匀地落在两手、前脚和后腿膝关节之间。

准备起跑：抬起臀部，身体重心前移，形成臀部高于肩的姿势。此时，体重主要由两臂和前脚支撑。前腿大小腿夹角约为90度，后腿大小腿夹角约为120度。

正式开跑：两手迅速推离地面，两臂屈肘做有力的前后摆动动作，同时两腿迅速蹬地起跑。后腿蹬离地面后，膝盖领先向前摆出，前腿要快速、有力地伸髋、膝、踝三个关节，将身体向前上方有力地推出。此时，前腿的后蹬角度在42度～45度之间，身体前倾与地面约呈20度角。接着迅速发力冲刺。

起跑后从后腿蹬离地面到途中跑这段距离要充分利用身体向前的冲力，在较短时间内尽快地获得高速度。起跑后第一步的着地应尽量靠近身体重心投影点，脚着地后迅速转入后蹬。

起跑后的最初几步，两脚沿着两条相距不远的直线前进，随着速度的加快，两脚着地点逐渐合拢到假定的一条直线的两侧。加速跑冲刺到10米，急停，然后折返，中速跑，跑回起点。

组次数安排：6～8组，每组12次。

注意事项：10米启动冲刺要满足受训者的实际需要，开始时在塑胶跑道上训练，有一定基础后，可以向柏油路、水泥路、土地、沙地、地砖路面10米启动冲刺训练过渡。

三、位移速度训练

（一）箭步蹲走

训练目的：训练冲刺跑所需的腿部肌肉力量，尤其是提高臀大肌的力量，同时该训练可以增大短跑时跑步步幅。

训练动作详解（图3-5）：身体正直，左脚向前迈出一大步，同时身体尽量下蹲，直到左侧大腿与地面平行，右腿前侧产生明显拉伸感，右腿膝盖尽量接近地面。然后左腿蹬伸，伸膝、伸髋，呈直立位。右脚向前迈出一大步，同时身体尽量下蹲，直到右侧大腿与地面平行，左腿前侧产生明显拉伸感，左腿膝盖尽量接近地面。依次向前，边交替行进边完成箭步蹲。下蹲时吸气，起身时呼气。

组次数安排：3~6组，每组20~30步。

注意事项：做箭步蹲动作的同时可以摆臂，即完成左脚在前的箭步蹲时，右臂前摆，左臂后摆；完成右脚在前的箭步蹲时，左臂前摆，右臂后摆。

图 3-5　箭步蹲走

（二）哑铃箭步蹲

训练目的：通过哑铃的负荷进一步增加冲刺跑时所需的腿部肌肉力量。

训练动作详解（图3-6）：双手各持一只哑铃，置于身体两侧。身体正直，左脚向前迈出一大步，同时身体尽量下蹲，直到左侧大腿与地面平行，右腿前侧产生明显拉伸感为止，右腿膝盖尽量接近地面。然后收回左腿，同时站直身体，换右腿向前迈步，完成同样的动作。下蹲时吸气，起身时呼气。

组次数安排：3～6 组，每组 12～20 次。

注意事项：选择的哑铃重量以不会破坏动作为准，即在完成箭步蹲时两脚间距尽可能大，不要因负重增加导致完成动作时两脚间距变小。

图 3-6　哑铃箭步蹲

（三）箭步蹲跳起

训练目的：训练冲刺跑时所需的肌肉爆发力。

训练动作详解（图 3-7）：腿部成箭步蹲位，左腿在前，右腿在后，同时左臂侧平举，右臂前平举；迅速跳起在空中换腿，同时手臂在空中转动，落地时换成右腿在前、左腿在后、右臂侧平举、左臂前平举的直角平举箭步蹲。两侧依次交替进行，跳起时呼气，落地后吸气。

组次数安排：4～6 组，每组 30 次。

注意事项：跳起落地后呈标准的箭步蹲位，即前侧腿大腿与地面平行，大小腿呈直角；后侧腿大腿与地面夹角小于 45 度，膝盖尽量接近地面。本训练要在受训者可以轻松完成哑铃箭步蹲训练后才可以尝试。

图 3-7 箭步蹲起跳

（四）台阶冲刺

训练目的：训练冲刺跑时所需的腿部蹬伸力量，以及提高跑动时摆臂与摆腿的功能协调性。

训练动作详解（图 3-8）：受训者前方放一个高度为 30～50 厘米的训练用跳箱或者稳定训练凳。左脚踏上跳箱，蹬箱使身体上箱，右腿做一次高抬腿，使大腿与地面平行，屈右腿踝关节，使脚尖朝前，同时左臂向前摆，右臂向后摆；然后右脚下箱踩地，左脚下箱接右脚踏上跳箱，右脚蹬箱使身体上箱，同时左腿做一次高抬腿，使大腿与地面平行（屈左腿踝关节，使脚尖朝前），同时右臂向前摆，左臂向后摆，然后左脚下箱踩地，右脚下箱，依次交替。上箱冲刺时呼气，回到地面时吸气。

组次数安排：3～4 组，每组 30 次以上。

注意事项：上箱冲刺时，身体保持正直；高抬腿的那只脚要向上用力勾脚尖，形成足背屈，而不要跖屈；上箱踩踏那只脚要整个脚掌着箱，不要出现只有前脚掌在箱上而脚跟在箱外的情况。

图 3-8　台阶冲刺

（五）巷道快速侧移训练

训练目的：提高横向快速侧移的速度，以增加横向侧移移动射击的机动性。

训练动作详解：在两条间距为 50 厘米的地面画线或地面绳的中间站立，地面画线长度为 10～20 米，左脚推地，右腿侧跨步，向右快速移动，到达终点后，右脚推地，左腿侧跨步，向左快速移动，返回起点。依次往复。

（六）百米冲刺训练

训练目的：提高短距离冲锋和位移的速度，对快速反应与攻击、快速撤离都能产生积极的训练效果。

训练方法：

发展步频：高速、大幅度摆腿练习，要求在快速摆动中完成跑步动作；加快脚掌着地速度练习和快速摆臂、摆腿练习。

发展步长：步长取决于跑时的后蹬力量、后蹬角度、摆动力量、摆动速度，以及髋关节的灵活性等。着重发展大腿伸肌、屈肌的力量和踝关节的灵活性。

步长训练方法：负重换腿跳、负重大步走、负重跑、负重跳台阶、大幅度跨步跳、蛙跳、单足跳等，提高跑时的后蹬能力。同时采用高抬腿跑、拉橡皮带高抬腿阻力跑、连续立定跳远等训练方式，提高双腿摆动速度。

发展绝对速度：对步长和步频进行组合训练。

　　绝对速度训练方法：20～40 米行进间快跑练习；4×25（50）米接力跑、加速跑、追赶跑练习；下坡跑练习；顺风跑练习；行进间跑 30～60 米，每组 4～6 次，2～3 组；短距离接力跑 2 人×50 米或 4 人×50 米，每组 3～4 次，2～3 组；追逐跑 60～100 米，每组 4～6 次，3 组。

　　发展反应速度和动作速度：抛球追赶跑，双手向前上方抛出球，然后跑出追赶并接住球；以最快速度做摆臂动作，持续时间为 5～20 秒。

　　注意事项：百米跑不要使用起跑器；尽量不用蹲踞式起跑方式。

第四章　灵敏素质与平衡素质训练

第一节　灵敏素质训练的组织与实施

一、灵敏素质的概念

灵敏素质是指人体迅速改变体位、转换动作和随机应变的能力，是人体在各种突然变化的条件下，能够迅速、准确、协调、灵活地完成动作的能力，也是人体各种运动技能和身体素质在运动中的综合表现。

由于灵敏素质是人体综合能力的表现，因此发展灵敏素质必须从全面发展身体的综合能力入手，重点培养受训者掌握动作的能力、反应能力、平衡能力等。

二、灵敏素质训练的方法

（一）一般灵敏素质训练的方法

1.敏捷梯并-合交替跑

训练目的：训练步伐敏捷性与步频。

训练动作详解（图4-1）：受训者四步并合向前行进；左脚先踏入绳梯中，右脚再踏入绳梯中，然后左脚踏出绳梯外，右脚也踏出绳梯外；向前移动一个格子，重复上一个动作，即左脚踏入绳梯中，右脚踏入绳梯中，然后左脚踏出绳梯外，右脚也踏出绳梯外。以此类推，向前推进。要求练习者尽可能快地完成动作。

注意事项：敏捷梯并-合交替跑可以折返跑的方式完成，也可和其他体能项目整合在一起进行。

图 4-1　敏捷梯并-合交替跑

2.敏捷梯对角线跑

训练目的：训练斜向变相跑时身体的灵敏素质。

训练动作详解（图 4-2）：受训者沿绳梯对角线进行交叉奔跑，从绳梯最近的格子右外侧开始，左脚向左踏入绳梯中，右脚向左踏出绳梯，左脚向左踏出绳梯外，右脚向左踏出绳梯外；然后右脚向右迈步，移动到第二个格子中，左脚向右踏入绳梯的第二个格子，右脚向右踏出绳梯外，左脚向右踏出绳梯外；然后沿左对角线踏入绳梯第三个格子……以此类推，一次左对角线，一次右对角线，向前推进。要求受训者尽可能快地完成动作。

注意事项：敏捷梯对角线跑可以折返跑的方式完成，也可和其他体能项目整合在一起进行。

图 4-2　敏捷梯对角线跑

3.米字跳

训练目的：训练在进行斜上步、斜退步、交叉斜上步等各种步伐变换时的灵敏素质。该训练可以帮助受训者在急停、急转时完成复杂步伐的变化，并降低急停、急转时受伤的概率。

训练动作详解：受训者站在画有米字形站位图的中心，完成以下各种类型的跳跃。每跳完一次，回到起始位置。

左向跳：右脚蹬地，左脚向左跳，右脚跟步。

左斜跳：右脚蹬地，左脚迈出，向左前 45 度方向跳，右脚跟步。

左前跳：右脚蹬地，左脚向正前方跳，右脚跟步。

右前跳：左脚蹬地，右脚向正前方跳，左脚跟步。

左脚交叉步右斜跳：右脚蹬地，左脚迈出，向右前 45 度方向交叉步跳，右脚跟步。

右脚交叉步左斜跳：左脚蹬地，右脚迈出，向左前 45 度方向交叉步跳，左脚跟步。
以上跳跃类型如图 4-3 所示。

图 4-3 米字跳部分跳跃类型

右斜跳：左脚蹬地，右脚迈出，向右前 45 度方向跳，左脚跟步。

右向跳：左脚蹬地，右脚向右方跳，左脚跟步。

左斜后跳：右脚蹬地，左脚迈出，向左后 45 度方向跳，右脚跟步。

右斜后跳：左脚蹬地，右脚迈出，向右后 45 度方向跳，左脚跟步。

左后跳：右脚蹬地，左脚向正后方跳，右脚跟步。

右后跳：左脚蹬地，右脚向正后方跳，左脚跟步。

以上 12 种米字跳，练习者先依次进行训练，然后听口令随机完成，也可以腰上负弹力带完成。

注意事项：米字跳训练过程中应注意不同跳跃间的快速动作转换。

4.米字跳打训练

训练目的：训练变向并完成打击动作时的身体敏捷素质。

训练动作详解（图4-4）：受训者和助手共同完成训练，受训者站在画有米字形站位图的中心，完成不同跳打训练，助手站在练习者前方，手持手靶，并喊口令"1""2""3""4"，做出前进、后退、左移、右移、斜向移动等步伐动作；受训者要结合米字跳训练完成相应的步伐动作并根据助手喊出的口令完成击靶，受训者的步伐和助手的步伐形成互补，即助手前进，练习者后退，助手后退，练习者前进，助手左移，练习者右移……并完成直拳击打动作；每完成一次口令击靶，受训者都要自动回到米字中心点。

注意事项：助手要尽可能快速变化步伐和位置，使受训者的步伐与击打综合敏捷素质得到尽可能好的训练。

图4-4　米字跳打训练

5.栏架侧移跑

训练目的：训练侧移并跳过低矮障碍时的灵敏素质，既能提高侧移速度，也能降低进行侧移动作时受伤的概率。

训练动作详解（图4-5）：摆放20个以上50厘米左右高的栏架，受训者侧对栏架，然后以快速高抬腿跑的方式横向在栏架间移动，直到到达终点，最后急停并快速高抬腿横向移动折返回出发地。

组次数安排：8组，每组4～6次折返跑。

注意事项：横向在栏架间移动时，脚落地一定脚尖先着地，逐渐过渡到全脚掌着地，充分利用踝关节进行缓冲，以免对膝关节造成过度冲击。

图 4-5　栏架侧移跑

6.25 米折返跑

训练目的：训练由俯卧位快速转换成直立位，并完成冲刺跑和变相跑时的复杂动作的灵敏性。

训练动作详解：受训者从俯卧撑位开始，先弯曲手臂，身体下降，两臂伸直完成一次俯卧撑；然后向前收腿，呈两手扶地的折叠蹲蹲位；起身同时两脚蹬地，用力跳起并在空中屈腿抱膝；待双脚落地后，马上做俯卧撑，再做屈腿纵跳，即俯卧撑＋屈膝纵跳；做 15 次后，立刻开始 25 米冲刺跑，绕过终点标杆后，折返回起点，以此类推。

组次数安排：8 组，每组 2 次折返跑。

注意事项：训练水平的高低由完成时间来判定，尤其是第二次折返跑的时间和速度更能反映受训者在体位转换时的灵敏素质及复合体能。

7.米字倒地

训练目的：训练在复杂条件下全方位倒地时的敏捷素质。

训练动作详解（图4-6）：受训者站在画有米字形站位图的中心，按口令完成以下8个方向的倒地动作，分别是前扑、左45度斜倒、右45度斜倒、左侧倒、右侧倒、左后45度斜倒、右后45度斜倒、后倒；受训者要迁移前扑、后倒和侧倒的技术，完成4种斜倒动作，以提高失去平衡时向8个方向倒地时的身体灵敏素质。

训练组次数：4～6组，每组12～20次。

注意事项：循序渐进训练，从软垫开始逐渐过渡到硬地，完成训练。

图4-6　米字倒地

（二）特殊灵敏素质训练的方法

训练总体目的：提高练习者身体的综合灵敏素质，降低倒地受伤的概率；对于复杂多变的移动也有良好的训练效果。

1. 后倒

训练目的：提高身体失去平衡后倒时的灵敏素质，在遭到前方大力猛推或失去平衡向后倒摔时使用，以减轻身体与地面接触碰撞造成的伤害；同时可使后脑免于受伤。

训练动作详解（图4-7）：站立位开始，当受到前方大力猛推或失去平衡向后倒摔时，先下蹲，利用腿部肌肉离心收缩进行缓冲，待到蹲位失去平衡时顺势后倒，臀部着地，然后腰部、下背、上背依次圆滑着地。在上背着地时，双臂向两侧张开，手掌拍地作为最后缓冲。在整个动作过程中，受训者应收紧下巴，头部前伸，以免后脑着地。

训练组次数：4～6组，每组12～20次。

注意事项：张开双臂的目的是增大身体与地面的接触面积，从而减少身体与地面碰撞造成的伤害。

图4-7　后倒

2.肩滚翻

训练目的：提高身体快速滚动时的灵敏素质。人被其他人从后方推倒或撞倒，或者奔跑、骑自行过程中突然被绊倒，可以通过硬地肩滚翻进行缓冲，以减少身体因撞击地面而造成的潜在伤痛；也可以作为高处跳下时的缓冲动作，以减小着地震荡对腰、腿和脊柱、大脑的伤害。同时硬地肩滚翻移动速度快、目标小，也可在不同低矮掩体间快速转移时使用，可以降低被对方发现的概率。

训练动作详解（图4-8）：助手从受训者后方对其进行大力猛推，受训者右脚在前、左脚在后，呈浅位前弓步；右手前伸，身体前扑，用右手手掌撑地并顺势接右小臂、右大臂、右肩、右侧上背，左侧下背，依次圆滑地向前滚出，直到左侧臀部着地；双脚着地后，左手可轻抚地面以增加缓冲效果，站起后仍为右脚在前、左脚在后的浅位前弓步状态，此时可借势转身面对敌人进行攻击，也可顺势逃走。

图 4-8　肩滚翻

硬地肩滚翻技术分步表述：

预备姿势：以右脚在前的站立位开始，两脚在水平位站距与肩同宽；右脚在前，呈前弓步。

动作过程：向前躬身，低头，右腿仍呈前弓步的状态，左腿顺势向前弯曲；右臂前伸，屈肘呈 90 度，右小臂挡于头前，掌心向下，护头；然后重心向前，使身体失去平衡，借前扑的惯性完成前滚翻，滚翻时右手始终挡于头前，防止头部触地；背部和腰部尽量弓成一团，使身体圆滑地向前滚动。

结束动作：身体滚翻后，右腿在前，左腿在后。然后可继续左转身，使左脚在前、右脚在后，呈格斗架势面对敌人。

训练组次数：4～6 组，每组 12～20 次。

注意事项：背部滚过地面的轨迹是一条对角线。如果采用右手先着地的滚翻姿势，那么背部滚过地面的轨迹应是从右肩后侧到左臀部的对角线。

第二节　平衡素质训练的组织与实施

一、平衡素质的概念及影响因素

（一）平衡素质的概念

平衡素质是体能素质的一种，是指人体抵抗破坏平衡的外力，以保持全身处于稳定状态的素质。

（二）影响平衡素质的因素

影响人体平衡素质的因素包括中枢系统对视觉、本体感觉和前庭觉信息的协调和对运动效应器的控制。视觉系统的信息由视网膜收集经视通路传入视中枢，提供人体周围环境及身体运动和方向的信息。本体感觉传递肌肉、关节、肌腱等各有关器官状态的信息。前庭觉是维持平衡、感知机体与周围环境的主要结构，包括三个半规管感知人体旋转的角加速度运动，椭圆囊、球囊（耳石器）感知瞬时直线加速运动。它向中枢传递加速度信息，感知头部在空间的位置，再由前庭运动系统调节眼位，以保持清晰的视觉，调节有关骨骼肌张力，保持头位及正确姿势。

二、平衡素质训练的方法

（一）一般平衡素质训练的方法

1.BOSU 俯卧平衡撑

训练目的：训练机体在俯卧位不平衡状态下的平衡能力。

训练动作详解（图 4-9）：BOSU 球椭球面向下放置，受训者双手抓住 BOSU 球平面边缘，两臂伸直并控制身体平衡，身体呈一条直线，脚尖着地；然后屈肘，使胸部尽量靠近 BOSU 球平面，再快速用力将上身撑起，两臂伸直。以此类推，身体下降时吸气，爆发性推起身体时呼气。

组次数安排：6～8 组，每组大于 20 次。

注意事项：屈肘时角度尽可能大，以训练手臂肌肉长程发力的能力。

图 4-9　BOSU 俯卧平衡撑

2.TRX 平衡上拉

训练目的：训练仰卧位手臂悬吊状态下利用手臂控制身体平衡的能力。这种能力对绳索泅渡有迁移训练效果。

训练动作详解（图 4-10）：受训者将悬挂绳（以下简称 TRX）调至上固定状态，

使手柄向下，与地面相距 1 米，双手抓住 TRX 手柄，身体仰卧，两脚跟着地，身体呈一条直线，体重尽量落在两手拉拽的手柄上；两臂用力上拉，使身体尽可能向上，到达极限位置，然后缓慢放手，呈直臂状态，后背始终不能触及地面；动作过程中，始终保持身体平衡，两臂发力一致；爆发性用力上拉时呼气，回放使手臂呈伸直状态时吸气。

组次数安排：6～8 组，每组大于 20 次。

注意事项：动作过程中，头部尽量后仰；上拉时两肘夹紧，置于身体两侧；屈肘时角度尽可能大，以训练手臂肌肉长程发力的能力。

图 4-10　TRX 平衡上拉

3.BOSU 仰卧哑铃推举

训练目的：训练机体在仰卧不平衡状态下完成动作的能力。

训练动作详解（图 4-11）：BOSU 球平面向下、椭球面向上放置，受训者双手各抓一只哑铃，仰躺于 BOSU 球椭球面上，身体呈一条直线，两脚跟着地，始终控制好身体平衡；然后屈肘使哑铃位于身体两侧，两手掌心向前，快速爆发性用力将哑铃推起，直至两臂伸直状态，再缓慢下降哑铃，使其位于身体两侧，以此类推；下降哑铃时吸气，爆发性推起哑铃时呼气。

组次数安排：6～8 组，每组大于 20 次。

注意事项：身体接触 BOSU 球椭球面的部位是菱形肌对应的上背位置，不要用颈部或者腰部接触 BOSU 球椭球面，以免伤到颈椎或腰椎。

图 4-11　BOSU 仰卧哑铃推举

4.TRX 平衡推

训练目的：训练在手推绳索不平衡状态下的身体控制能力。

训练动作详解（图 4-12）：受训者将 TRX 调至上固定，使手柄向下，手柄与地面相距 50 厘米。双手抓住 TRX 手柄（掌心向下推紧手柄，虎口相对），身体俯卧，两脚尖着地，使身体呈一条直线；身体尽量前倾，使体重尽量落在两手推住的手柄上；两手肘由屈曲位开始，用力上推，使身体尽可能向上，到达极限位置时两臂伸直，然后缓慢放手呈 TRX 屈臂支撑状态；动作过程中，始终保持身体平衡，两臂发力一致，爆发性用力上推时呼气，回放使手臂呈屈曲状态时吸气。

组次数安排：6～8 组，每组大于 20 次。

注意事项：头部尽量保持中立位；身体尽量前倾；屈肘时角度尽可能大，以训练手臂肌肉长程发力的能力；训练动作娴熟后，可以升级为把脚垫高的 TRX 平衡推。

图 4-12　TRX 平衡推

5.BOSU 站立平衡蹲

训练目的：训练受训者在地面不平衡状态下的身体控制能力。这种能力有助于受训者在晃动的船舰甲板上保持身体平衡。

训练动作详解（图 4-13）：

准备动作：BOSU 球椭球面向下放置，受训者双脚站在 BOSU 球平面上，调整两脚间距，使两脚对称放置在 BOSU 球接近边缘的位置；两臂伸开，辅助保持身体平衡，身体保持正直。

动作过程：两腿分开直立，站距与肩同宽，下蹲时双手掌心向下，向前平举，膝盖不超过脚尖，然后站起身回到直立状态，同时双手回摆到身体两侧。下蹲时呼气，站起时吸气。动作过程中始终保持身体平衡。

图 4-13　BOSU 站立平衡蹲

组次数安排：6～8 组，每组大于 20 次。

注意事项：注意两脚在保持平衡时的身体本体感觉，如果不能独立完成动作，可在他人的辅助下完成。

6.TRX 平衡蹲

训练目的：训练受训者的单腿支撑平衡素质。

训练动作详解：受训者将 TRX 调至上固定，使手柄向下，手柄调至练习者腰腹高度，双手抓住 TRX 手柄，向后退两步，斜向后拉直 TRX，身体重心微向后，两脚与肩同宽站立；向前抬起右腿，右脚抬离地面完成左腿的下蹲，下蹲到大腿与地面平行，同时两手持 TRX 手柄呈向前平举状，保持 2 秒；然后左腿爆发性用力，使身体直立，左腿呈单腿站立位，同时两手持手柄回至身体两侧；然后继续单腿下蹲；动作过程中，始终保持身体平衡，单腿爆发性用力站起时呼气，下蹲时吸气；完成左腿的训练后，换右腿轮流练习。

组次数安排：6～8组，每组每腿练习12～30次。

注意事项：如果训练时，膝关节出现弹响，则换成单腿坐蹲训练。

7.BOSU俯卧平衡

训练目的：训练受训者在俯卧不平衡时的身体控制能力。

训练动作详解（图4-14）：BOSU球椭球面向下、平面向上放置，受训者双手抓住BOSU球平面边缘，然后胸腹部慢慢移至BOSU球平面，两臂前伸，两腿离地，使身体只有胸腹部接触BOSU平面，其他身体部位不能着地，身体呈一条直线，保持尽可能长的时间。

组次数安排：6～8组，每组坚持1分钟。

注意事项：进阶动作，可以双手持哑铃完成BOSU俯卧平衡。

图4-14 BOSU俯卧平衡

8.瑞士球臀桥

训练目的：训练受训者仰卧时腰腿复合平衡能力。

训练动作详解：

起始动作：受训者仰卧，将瑞士球放置在脚踵及小腿下侧。

动作过程（图4-15）：受训者用脚跟压住瑞士球，使其向受训者臀部方向滚动，同时受训者臀部抬起，完成一次脚跟踩在瑞士球上的臀桥，收腿时能够感觉到大腿后侧有紧张甚至酸痛感，达到大腿与躯干呈一条直线时，完成动作；然后慢慢回放双腿，使球向腿的远端滚动，直至起始位置。收腿起桥时呼气，回放瑞士球时吸气。

组次数安排：6～8组，每组大于12次。

注意事项：保持两腿发力均衡，两手掌心向下压住地面，以增加整个动作的平衡性。

图 4-15　瑞士球臀桥

（二）特殊平衡素质训练的方法

1.BOSU 拔枪平衡

训练目的：训练受训者在不平衡地面完成动作的稳定性。这种能力有助于受训者在大型移动载具上完成动作。

训练动作详解（图 4-16）：

准备动作：BOSU 球椭球面向下放置，受训者双脚站在 BOSU 球平面上，并调整两脚间距，使两脚对称站在 BOSU 球接近边缘的位置；两臂伸开，辅助身体保持平衡，身体保持正直。

动作过程：两腿分开直立，站距与肩同宽，双手向前平举的同时身体下蹲，膝盖不超过脚尖；当大腿接近与地面平行时可顶峰收缩 2～3 秒（顶峰收缩时保持动作姿势），然后站起身回到直立状态；下蹲时呼气，站起时吸气；动作过程中始终保持身体平衡。

次数安排：6～8 组，每组 10～15 次。

注意事项：注意两脚保持平衡时身体的感觉。

图 4-16　BOSU 拔枪平衡

2.防御下潜抱摔的平衡压制

训练目的：在对方下潜抱摔时，利用压制技术将对方控制在身下。本训练也是针对敌方下潜抱摔的防摔反应训练。

训练动作详解（图 4-17）：双人完成训练，对方下潜抱摔，抱我方单腿或双腿，欲将我方放倒，我方压对方头颈或上背，抓对方大臂，双腿迅速后跳并降低重心，使对方抱腿落空，并把对方压制在自己上半身下；后面可接蟒蛇绞、地面膝击后脑、转身拿背裸绞或者十字控双臂翻转抓捕。

图 4-17 防御下潜抱摔的平衡压制

组次数安排：6～8 组，每组 10～20 次。

注意事项：注意训练时攻击的突然性，要尽量使用偷袭式下潜抱摔。

第五章　耐力素质训练

第一节　耐力素质的基本认识

一、耐力素质的定义及价值

耐力素质训练是体能训练的重要组成部分之一。无论是参加比赛，还是进行训练都要求受训者具备相应的耐力素质，良好的耐力素质是受训者拥有强健体魄和取得各项优异运动成绩的基本保证。

（一）耐力素质的定义

长期以来，运动生理学、运动生物化学、运动生物力学、运动训练学等学科的专家在训练实践中做了大量的基础性研究工作。根据不同的研究角度与方法，不同专家对耐力有不同的定义，现将其中有代表性的定义列举如下。

1.耐力是完成某一强度负荷所能持续的时间

疲劳是限制和影响运动成绩的主要因素。如果机体不容易出现疲劳，或者能在疲劳的状态下继续工作，则说明具有耐力。耐力取决于多种因素，如速度、肌肉力量、有效地完成动作技术、动作节省化、完成负荷时的心理状态等。

2.耐力是以最大工作效率持续进行运动的能力

机体供给肌肉收缩所需能量有数量机制，机体不可能进行长时间的高效供能，高效的供能机制会迅速耗竭，然后机体不得不依靠时间较长但工作效率较低的方式供能。因此，提高耐力水平最重要的是提高机体的总体供能能力或最大输出能力。

3.耐力是人体在长时间工作或运动中克服疲劳的能力

疲劳是一种生理现象，机体经过长时间的活动，产生疲劳感，导致工作效率下降，限制了运动时间，影响运动水平的发挥，这是机体的一种自我保护机制。但是，疲劳又是提高机体工作能力所必需的过程，如在运动训练中，疲劳是训练后的必然结果，没有疲劳的刺激及长期的适应，机体的工作能力就不会得到提高。机体克服疲劳的能力反映了其耐力水平。

4.耐力是指人体长时间使肌肉保持工作的能力

该定义有一定的局限性，虽然肌肉是机体运动最主要的执行者，但是还有许多制约其长时间运动的因素，该定义中没有体现。

上述对耐力素质定义的表述虽然有所不同，但都表达了耐力是"机体长时间抗疲劳的能力"这一核心概念。因此，理解耐力素质的定义要从多种角度来考虑，耐力素质具有鲜明的项目特征和个人特点，同时又是人体多种能力的综合体现，所以耐力素质的定义不是唯一的。相信随着各个学科对耐力素质的研究逐步深入，人们对耐力素质的理解还会不断加深。

（二）耐力素质的价值

耐力素质是体能素质的重要指标，人们从事任何运动项目都必须具备相应的耐力水平。耐力素质对体育训练中的超长跑、中长跑、长距离游泳等周期性运动项目的意义不言而喻，对其他如格斗等非周期性项目也有重要意义。

1.促进身体机能水平的发展

运动训练实践证明，合理的有氧耐力训练能增大机体的心脏容积，增加心脏血液输出量，提高最大摄氧量，降低安静时的呼吸频率，使人心率稳定，从而提高机体的恢复能力。因此，有氧耐力训练不仅能提高机体的心肺功能，使呼吸及心血管系统机能得到发展，还能提高机体的代谢能力，从而有助于增强体质，减少伤病侵害。

2.提高机体抗疲劳的能力

许多运动项目都会采用大负荷训练，而这种训练只有在较高的身体训练水平（特别是有良好的耐力素质）下才能进行。训练实践证明，耐力训练可使机体心搏量增多，血液中血红蛋白数量增多，输氧能力提高，等等。同时，提高能量代谢的机能及脑细胞的耐酸能力，从而提高机体的抗疲劳能力。抗疲劳能力越强，机体保持高水平运动的能力越强，这为机体加大运动量和运动强度、提高训练质量等创造了条件，并且有利于获得优异成绩。

3.有助于消除疲劳和促进机能恢复

良好的耐力训练能使机体的物质和能量代谢功能得到提高，训练后血氧供应更充分，可使机体内疲劳因子消除加速，能量物质恢复加快。这将加速训练后消除疲劳的过程，使机体迅速得到恢复。机体的迅速恢复可以使间歇时间（包括练习和练习之间的间歇、训练课与训练课之间的间歇）缩短，增加每组训练的重复次数及训练组数，保证完成大负荷的训练任务和训练的不间断性和系统性，防止出现过度训练。

4.促进机体其他能力的发展

耐力对机体的其他运动能力也有着重要的影响。良好的耐力训练能提高机体的抗疲劳能力，使大脑皮层兴奋与抑制过程有节奏地交替，机体呼吸及心血管系统的机能得到发展，机体能量物质储备增多，代谢功能改善，这些变化都会成为机体其他运动能力发展的基础。

5.有利于心理素质的培养

耐力训练是一个艰苦的过程，所以耐力训练的过程也是培养坚毅、顽强、勇于克服困难的意志品质的过程。当今的体育竞赛不仅比技术、比战术，同时也在比体力、比意志。如果没有良好的耐力水平和坚毅、顽强、勇于克服困难的意志品质，不仅难以进行长时间的激烈竞赛，也很难稳定自如地运用及发挥战术，更谈不上获得优异成绩。因此，对耐力素质训练的认识应提升到一个新的高度。

二、耐力素质的种类

（一）根据持续的时间分类

根据活动持续的时间，耐力素质可分为短时间耐力、中等时间耐力和长时间耐力。

短时间耐力是指持续时间为45秒至2分钟的运动项目（如400米跑、800米跑）所要求的耐力。运动中的能量主要通过无氧过程提供，氧债很高。400米跑能量的80%由无氧系统提供，800米跑能量的60%～75%由无氧系统提供。

中等时间耐力是指持续时间为2～8分钟的运动项目所需要的耐力，其强度小于短时间耐力项目而大于长时间运动项目,供氧不能全部满足需要时会出现氧债。3 000 米跑中无氧系统提供约 20%的能量,1 500 米跑中能量的 50%由无氧系统提供。通过有氧和无氧的混合过程提供运动所需要的能量。

长时间耐力是指持续时间超过 8 分钟的运动项目所需要的耐力。整个运动过程中,人体心血管和呼吸系统高度紧张,心率、每分钟血输出量、肺通气量都达到相当高的程度,以保证运动的有氧过程。

(二)根据专项运动特点分类

根据专项运动的特点,耐力素质可以分为一般耐力和专项耐力。

一般耐力为长时间有效地完成中等强度工作(有氧特点的)需要的能力,在该强度中大部分肌肉、器官都参与工作。

专项耐力是指在具体的体育项目中有效完成工作和克服疲劳的能力。专项耐力是一种非常复杂的包括许多因素的素质。

(三)根据器官系统机能分类

根据器官系统的机能,耐力素质可分为心血管耐力和肌肉耐力。

心血管耐力是循环系统在机体长时间肌肉活动时保证营养和氧的供应以及运走代谢废物的能力。根据运动时能量供应中氧气参与的程度,心血管耐力可分为有氧耐力、无氧耐力、有氧无氧混合耐力和缺氧耐力。有氧耐力是指机体在氧供应比较充足的情况下的耐力,无氧耐力是指机体在氧供应不足,有氧债情况下的耐力。无氧耐力又可分为乳酸供能无氧耐力(糖原无氧酵解供能)和非乳酸供能无氧耐力(ATP、CP 分解供能)。有氧无氧混合耐力是指机体在有氧和无氧双重情况下的耐力。缺氧耐力是指机体在严重缺氧或处于憋气状态下的耐力。

肌肉耐力是指肌肉系统在一定的内部与外部负荷的情况下,能坚持较长时间或重复较多次数的能力。肌肉耐力和力量水平的发展关系极为密切,发展肌肉的最大力量能有效地促进肌肉耐力水平的提高。根据运动时参与工作的肌肉群数量或身体活动部位,肌肉耐力可分为局部耐力和全身耐力。

（四）根据肌肉工作方式分类

根据肌肉的工作方式，耐力素质可分为静力性耐力和动力性耐力。

静力性耐力是指机体在较长时间的静力性肌肉工作中克服疲劳的能力，如在做射击、射箭、举重的支撑、吊环的十字支撑等运动的过程中表现出的耐力水平。

动力性耐力是指机体在较长时间的动力性肌肉工作中克服疲劳的能力。

在上述耐力分类及大部分运动项目的耐力训练中，最具实际意义的是有氧耐力、无氧耐力、肌肉耐力、一般耐力和专项耐力。

三、影响耐力素质的因素

（一）年龄和性别

在生长发育期，人的耐力随着年龄的增长而逐年提高。男性 20 岁左右、女性 18 岁左右达到最高水平，以后增长缓慢以至逐年下降。总体来看，男性的耐力要比女性的耐力好。

（二）心血管和呼吸系统的机能水平

心血管、呼吸系统机能的好坏直接影响人的耐力和有氧代谢、无氧代谢水平。

（三）机能节省化

耐力水平的高低还取决于机体的机能节省化程度。机能节省化和机体的能量储备利用率有很大的关系。耐力活动过程中，各种协调性的完善和体力的合理分配，都能有效地提高能量储备的利用率。例如，协调性的完善可以减少不必要的能量消耗，体力的合理分配则可以提高能量的合理利用程度（匀速能量消耗少，变速能量消耗大）。总之，高度的机能节省化，能使人体在活动时单位时间内能量消耗最少，从而使人体保持长时间的运动。

（四）速度储备能力

速度储备能力是指机体以较少的能量消耗保持一定速度的能力，其是影响耐力，特别是影响专项耐力的因素之一，在周期性项目中尤其突出。速度储备能力较强则能使机体以较少的能量消耗来保持一定的速度。如果机体能以极快的速度跑完短距离，那么也能容易地以较低的速度跑完较长的距离。

第二节　耐力素质训练的组织与实施

一、耐力素质训练的基本方法

（一）有氧耐力训练

1.运动强度

在发展有氧耐力的持续性训练中，运动强度的选择十分重要。强度过小，不能充分动员人体呼吸、循环系统的机能潜力，有效地发展有氧代谢能力；强度过大，持续时间必然缩短，供能系统会向无氧代谢转变。一般认为，发展有氧耐力，采用超过最大摄氧量 50%的运动强度可使有氧能力显著提高。有人提出可通过心率来控制运动强度，即有氧耐力运动中心率应达到 150 次/分钟。芬兰生理学家卡沃宁（Karvonen）提出了适宜强度的公式：安静心率＋(最高心率－安静心率)×60%。目前认为，个体乳酸阈(ILAT)强度是发展有氧耐力训练的最佳强度。

2.恢复时间

一般认为，耐力训练产生效果的最低持续时间为 5 分钟，持续时间主要取决于运动强度。负荷强度大、负荷量大的运动容易使机体快速产生疲劳感，疲劳的主因是人体的内环境发生改变，机体内不同物质需要不同的恢复时间，如表 5-1 所示。

表 5-1　机体内不同物质的最短和最长恢复时间

物质类型	最短恢复时间	最长恢复时间
磷酸盐的恢复	2 分钟	3 分钟
非乳酸性氧债的偿还	3 分钟	5 分钟
带氧肌红蛋白的恢复	1 分钟	2 分钟
肌糖原的恢复	5～10 小时	24～48 小时
肌肉和血液中乳酸的清除	30 分钟～1 小时	12 小时
乳酸性氧债的偿还	30 分钟	60 分钟

3.有氧耐力训练方法

（1）乳酸阈强度训练

采用乳酸阈的运动速度、功率等负荷强度来训练称为乳酸阈强度训练。乳酸阈是指在递增负荷强度运动中，血液中乳酸浓度随运动强度增加而变化，开始是缓慢上升，经过一段过渡后转变为急促上升。一般在 4 毫摩尔每升左右出现急促上升点，该点即为乳酸阈值。因其存在个体差异，目前多采用个体乳酸阈强度进行训练。

（2）最大乳酸稳态强度训练

马拉松长跑因运动时间长，能量供应几乎完全由有氧代谢提供，在运动中血液乳酸浓度低于乳酸阈值。因此，在运动训练中要低于这个乳酸阈值（4 毫摩尔每升）才能满足比赛要求。对于这种训练方法，受训者开始跑后使血液乳酸值达到低于 4 毫摩尔每升的水平，并维持这个强度 45 分钟左右，期间血液乳酸值达到一个良好的稳态水平，这是发展有氧代谢最大负荷强度的最佳方法。

（3）持续练习法

持续练习是指在较长时间里，没有间歇地承受运动负荷的练习。持续练习法的刺激强度可以是固定的，也可以是不固定的，主要依据项目特点、练习目标、训练水平和训练任务而定。周期性项目可借助跑或走的速度、心率等来控制，非周期性项目可通过高度、距离来控制。刺激强度一般以小强度或中等强度为主，主要用于提高机体的心肺能力，发展机体的有氧代谢能力。由于机体内脏器官的机能惰性较强，需在运动开始后约 3 分钟才能达到最高机能水平。因此，发展机体的有氧代谢能力，受训者的练习时间要在 5 分钟以上，甚至可持续 20～30 分钟。持续练习法的练习时间一般不应少于 30 分钟，高水平练习者的平均练习时间为 1～2 个小时。有些超长距离的项目，如马拉松、20 千米竞走、50 千米竞走等项目持续练习的时间会更长一些。

采用持续练习法一次练习的时间相对较长，负荷数量较多，负荷强度较小，一般为最大强度的 65%～75%。持续练习法对机体产生的刺激较缓和，机体感到疲劳的过程较缓慢，负荷后恢复也较快。

持续练习法是大多数田径运动项目练习的基本方法之一，也是在准备期训练中较为主要的练习方法。持续练习法能发展机体的一般耐力，提高摄氧、输氧等能力。还可以发展机体的专项力量耐力。长时间持续运动会对人体生理机能产生诸多良好影响，青春发育期的青少年及训练水平较低者尤其要以低强度的匀速持续训练为主。

相对而言，小强度训练为心率 120～150 次每分钟，通常为最大心率的 65%～75%；中强度训练为心率 150～180 次每分钟，通常为最大心率的 75%～90%；大强度训练心率超过 180 次每分钟，通常为最大心率的 90%～100%。

（4）间歇练习法

间歇练习法是指在相对固定的条件下，严格按照规定的练习距离、强度、时间、次数以及每次练习后的间歇时间进行练习的方法。

间歇练习法对提高机体短距离跑和中长距离跑项目的速度耐力和耐力水平有显著作用。间歇练习法一般采用积极性休息方式，如慢跑或慢走，也可采用一些放松性的练习。当机体心率恢复到 120～130 次每分钟时就可开始下一次的练习。

由于间歇练习法是在机体未能完全恢复的情况下就进行练习，因此会对机体产生以下几个方面的影响：①能有效地提高人体每分钟输出量，提高心肌收缩力水平和心脏输出量水平；②能有效地提高人体的呼吸系统功能，特别是最大摄氧量水平；③对于负荷时间较长、负荷强度相对较低的长距离跑或部分距离相对较长的中距离跑项目，采用间歇练习法能有效地提高机体的有氧耐力水平；④对于负荷时间较短、负荷强度相对较高的中距离跑及部分距离相对较长的短跑项目，采用间歇练习法能有效地提高机体有氧无氧混合供能的能力和无氧耐力水平。

练习的时间、距离、练习的强度、间歇的时间与练习目的构成了不同类型的间歇练习法。要根据不同年龄、不同训练水平及不同项目的特点，科学、合理地安排每次练习的距离、强度和间歇时间（表 5-2）。

表 5-2 不同类型的间歇练习法

练习目的	练习时间	练习强度	间歇时间	重复次数
提高有氧耐力	8～15 分钟	小强度	长	较少
提高无氧耐力	8～120 秒	最大强度或大强度	短	多
提高混合耐力	2～8 分钟	中等强度	中	中
提高专项耐力	8 秒～15 分钟	大强度	短、中、长	少、中、多
提高力量耐力	8 秒～15 分钟	中等强度	短、中、长	多

相对而言，小强度练习为心率 120～150 次每分钟，通常为最大心率的 65%～75%；中强度练习为心率 150～180 次每分钟，通常为最大心率的 75%～90%；大强度练习心率超过 180 次每分钟，通常为最大心率的 90%～100%。不同强度的练习所对应的间歇时间也各不相同。

间歇练习法是准备期的主要练习方法，它的最大特点就是对间歇时间有严格的规定，一般以跑后心率恢复到 120～130 次每分钟所需要的时间作为间歇时间。

（二）无氧耐力训练

1.最大乳酸训练

乳酸是糖酵解的最终产物。运动中乳酸生成量越大，说明糖酵解供能的比例越大，无氧耐力素质越好。机体生成乳酸的最大能力和机体对它的耐受能力与无氧耐力直接相关。

让受试者在田径场上全力跑 400 米一次，跑后 3～5 分钟内采血，测量血液中的乳酸含量，如果测量值达到 15 毫摩尔每升，说明糖酵解系统供能能力强，但在训练中应使血乳酸值高于这个水平才能获得较好的训练效果。采用一次 1 分钟左右的超极量强度跑不能达到一个高水平的血乳酸值，而采用 1 分钟超极量强度跑，间歇 4 分钟，重复 5 次的间歇训练，血乳酸浓度可达到一个很高的水平，最高值可达 31.1 毫摩尔每升。这说明 1 分钟超极量强度间歇 4 分钟的运动可以使身体获得最大的乳酸刺激，是提高最大乳酸能力的有效训练方法。

间歇训练法是提高机体无氧耐力较好的方法，其关键在于对负荷强度和适宜休息间歇的控制。为了使运动中能产生高浓度的乳酸，练习强度和密度要大，间歇时间要短。练习时间一般应大于 30 秒，以 1～2 分钟为宜。这种练习强度、时间和间歇时间的组合，能最大限度地提高糖酵解系统供能的能力。

2.乳酸耐受能力训练

不同训练水平和训练项目使机体对乳酸有不同的耐受能力。耐受能力强，机体不易疲劳，运动能力也随之提高。在一些运动项目中，因运动时间较长、强度较大，血乳酸会在较高水平上保持较长的时间，因此要加强乳酸耐受能力训练。乳酸耐受能力一般可以通过提高缓冲能力和肌肉中乳酸脱氢酶活性而获得。在训练中血乳酸要达到较高水平，在第一次训练中血乳酸要达到 12 毫摩尔每升左右，选择适当的休息间歇，然后在重复训练时维持这一水平，以刺激身体对这一血乳酸水平的适应，提高缓冲能力和肌肉中乳酸脱氢酶的活性。

（三）其他耐力素质训练方法

1.重复练习法

重复练习法是指在不改变动作结构和负荷量的条件下，按照规定的距离、持续时间、负荷强度反复进行练习的方法。其主要作用是提高机体以无氧代谢为主的短跑耐力水平，以及以混合代谢为主的中跑耐力水平。

短距离跑中的较长距离跑（如 200 米、400 米），由于项目本身对速度耐力要求较高，通过较长距离（300～500 米）的重复跑，能有效地提高乳酸能供能系统的水平，提高机体负氧债能力。

中距离跑中的较短距离项目，如 800 米，无氧代谢比例较高，跑后氧债较大，且乳酸的堆积量也较大。因此，重复进行 150～500 米跑训练，不仅能提高人体对氧债和大量乳酸堆积的耐受能力，还能提高人体无氧耐力和速度耐力水平。

长距离跑项目的运动负荷较大，每分钟摄氧量较大，循环系统要全力工作，又因奔跑时间较长，使循环系统和呼吸系统有时间克服惰性，逐步提高其工作水平。因此，较长距离的反复跑可以发展人体循环系统、呼吸系统的机能，提高人体专项耐力水平。

重复练习法是竞赛期的主要练习方法，多用于竞赛期的初期。根据实际状况，可以在一定的范围内变换刺激量和刺激强度，但一般情况下，刺激量和刺激强度是相对固定的。重复练习法的特点是在心率恢复至 100～120 次每分钟时，再进行下一次练习。其练习的时间、练习距离、练习动作等有明显的专项特点，练习的强度较大、次数较少，具体如表 5-3 所示。

表 5-3　重复练习法的参照指标

练习目的	练习时间	练习强度	间歇时间	重复次数
提高有氧耐力	8~15 分钟	最大强度、大强度	中、长	少
提高无氧耐力	2~10 秒	极限强度、最大强度	短	少
提高混合耐力	2~10 分钟	最大强度、大强度	中	少
提高专项耐力	15~60 秒	大强度	长	少
提高专项速度	15~30 秒	最大强度、大强度	短、中、长	少

2.比赛练习法

比赛练习法是借助比赛或模拟比赛的形式发展比赛能力和提高专项耐力水平的一种练习方法。比赛练习法是在竞赛期主要采用的练习方法，适用于竞赛期的各个阶段。在使用比赛练习法时，应充分考虑以下几点：①练习的时间、距离、次数、强度等应近似于专项比赛的形式和特点；②在比赛练习时，为提高比赛能力，应把比赛技术贯穿于比赛的专项耐力练习之中；③从实战出发，按照预先确定和设计的比赛战术进行练习，培养比赛能力，积累比赛经验（表 5-4）。

表 5-4　比赛练习法的参照指标

练习目的	练习时间	练习强度	间歇时间	重复次数
专项比赛及其模拟	长于比赛时间	与比赛强度相同或高于比赛强度	与比赛相同	与比赛相同
专项比赛能力模拟	与比赛相同	与比赛强度相同或高于比赛强度	较短	无
专项技术模拟	与比赛相同	设计的比赛强度	与比赛相同	与比赛相同
专项战术模拟	与比赛相同	设计的比赛强度	与比赛相同	与比赛相同
比赛能力检查	短于比赛时间	与比赛强度相同或略高于比赛强度	与比赛相同	与比赛相同

3.法特莱克训练法

法特莱克训练法是指任意变化速度，持续进行的跑步训练方法，兴起于 20 世纪三四十年代。"法特莱克"为瑞典语，其意为"速度性游戏"。法特莱克训练法是在野外、丘陵地带、山坡、平原等多变的地形条件下，根据训练需要安排距离不等的快跑、慢跑、匀速跑、加速跑等多种练习，交替进行。

随着现代科技的进步，各个国家在不断地探索发展耐力的方法，除跑步、游泳、骑车等传统方法外，一些国家还采用了高原训练、低压氧舱训练、深水中跑步等一系列发展耐力素质的方法。

二、耐力素质训练的手段

（一）持续慢速跑

方法：采用较慢速度持续跑较长的距离。跑的速度、距离、重复次数等应根据练习目的确定。

作用：提高机体一般耐力水平和有氧供能能力。

要求：在持续慢跑时，机体心率应达到 150 次每分钟左右，以发展一般耐力。

（二）重复跑

方法：固定跑的距离，多次重复进行该段距离的跑，重复跑时的速度、距离、重复次数等应根据练习目的和个体的具体情况而定。

作用：提高机体专项耐力和一般耐力水平，发展无氧代谢能力。

要求：每次练习之间的间歇时间以机体心率恢复到 100～120 次每分钟为限，再进行下一次练习。

（三）变速跑

方法：按一定距离变换速度。在跑的过程中，用中等速度跑一段距离后，再以较慢的速度跑一段距离，采用不同速度交替跑。

作用：提高机体一般耐力和专项耐力水平，发展有氧和无氧代谢能力。

要求：中速跑与慢速跑交替进行，相同的距离或中速跑的距离较慢速跑稍短一些，变速的交替次数依练习目的而定。

（四）间歇跑

方法：快跑一段距离后，再慢跑或走一段距离，跑的速度、距离、间歇时长、采用慢跑或走以及练习的次数，应根据练习目的而定。

作用：提高机体专项耐力水平。

要求：快跑时机体心率应达到 170～180 次每分钟，中间间歇慢跑或走时，应将心率控制在 120 次每分钟左右，然后再重复下一次练习。

（五）越野跑

方法：可采用个人或结伴的形式，在野外自然环境中进行距离较长、强度较小的跑步训练，保持正确的跑步姿势，充分利用野外的上坡、下坡等地形进行跑步练习。

作用：提高机体一般耐力水平，发展有氧代谢能力。

要求：越野跑时应穿软底鞋，跑的距离及时间根据个人特点和练习目的来确定，跑的过程中应使心率保持在 150 次每分钟左右。

（六）追逐跑

方法：在田径场或自然环境中，多人相互追逐跑。追逐时间可选择一定的距离追逐，然后再慢跑或走，反复追逐。追逐跑的距离、速度根据练习的目的而定。

作用：提高速度耐力水平，发展无氧与有氧代谢能力。

要求：助手之间相互保持 5～10 米的距离，用中等或较快的速度追逐对方，慢跑时应使心率不低于 100 次每分钟。

（七）领先跑

方法：在田径场、公路或自然地形中，以多人练习的形式，每个人轮流交替领先跑，用接近比赛的速度跑完一定的距离，然后进行慢跑的练习。

作用：提高机体一般耐力水平。

要求：跑的距离和速度要结合专项的要求，使心率不低于 170 次每分钟。这一练习由于强度较大，可每周或隔周安排一次。

（八）匀速持续跑

方法：采用中等速度持续跑较长或一定的距离，在跑的整个过程中，保持一定的速度，匀速跑完规定的距离。

作用：提高机体专项耐力水平，发展混合代谢能力。

要求：速度达到中等速度，心率保持在 150 次每分钟，以匀速持续跑一定的距离。

（九）定时跑

方法：在田径场或野外进行 15 分钟或 20 分钟等计划规定的定时跑，计取每次定时跑的距离。在保持一段时间后，突破定时跑的距离，加大练习的强度。

作用：提高机体专项耐力水平，提高练习强度。

要求：确定定时跑的时间后，不断增加跑的距离，以提高练习强度。

第六章 柔韧素质训练

第一节 柔韧素质的基本认识

一、柔韧素质的概念

柔韧素质是指人体关节活动幅度的大小以及跨过关节的韧带、肌腱、肌肉、皮肤及其他组织的弹性和伸展能力。柔韧素质包括两个方面的含义：一个是关节活动幅度的大小，一个是跨过关节的肌肉、肌腱、韧带等软组织的伸展性。

关节的活动幅度主要取决于关节本身的结构。跨过关节的肌肉、肌腱、韧带等软组织的伸展性，则主要通过合理的训练获得。

关节是指骨关节，它是骨杠杆转动的枢纽，是肢体赖以活动的部位。因为人体运动是通过关节角度的变化来传力、受力，从而使人体产生复杂多变的运动形式的，所以关节是人体固有的解剖结构。虽然骨关节结构具有解剖特点，并有其自然的生理生长规律，但如果不经常锻炼，其关节活动不能适应体育运动的需要。同样，跨过关节的肌肉、肌腱、韧带也有其自然生理生长规律，如不训练也只能维持其自然生长情况下的活动能力。因此，只有通过体育锻炼，跨过关节的肌肉、肌腱、韧带及所跨的关节才能在中枢神经支配下共同改变其功能，以满足体育运动的需要。

关节活动幅度是指构成关节的骨骼在其关节结构内屈、伸、旋内、旋外的最大可能范围，是遵循生理解剖规律且固定的，不进行体育运动时，一般没有必要达到最大范围。但体育运动中大部分动作需要尽可能地达到关节活动幅度的最大范围，以利于技术的发挥，因此只有通过合理的柔韧训练才能使关节的活动幅度逐渐加大，以适应体育运动的需要。

中枢神经支配下的肌肉、韧带力量的增长必须与其所控制的关节活动范围相适应，不能因肌肉过分紧绷而影响关节活动幅度，也不能因肌肉、韧带过分伸展而造成关节的松弛无力。可见，体育运动中的"柔"是指肌肉、韧带拉长的范围，"韧"是指肌肉、韧带发挥的力量，柔和韧的结合便是柔韧，发挥的能力便是柔韧素质。

根据人体生理解剖结构，柔韧性包括四肢和躯干各关节的柔韧性，其主要关节有肩、肘、腕、胯、膝、踝及脊柱等。柔韧性训练就是针对上述各关节灵活性的练习。

在体育运动中，项目不同，对各关节活动幅度的要求也就不同。但各关节柔韧性的全面发展是基础，只有在全面发展的基础上，才能突出专项需要的关节部位柔韧性的重要作用。例如，投掷、体操、举重、游泳等项目对肩关节柔韧性的要求较高。投掷标枪时肩部柔韧性差就不能达到满弓状态；游泳运动员肩部柔韧性差将被列入淘汰行列；举重运动员肩部柔韧性差将不能从事举重运动；体操运动员肩部柔韧性差大量动作不能做到位，会因技术发展受到限制而被淘汰。但这些项目的运动员必须以全面发展各关节柔韧性并适应本专项需要为前提，才能突出肩部柔韧性的重要性。篮球、排球、小球项目对腕部柔韧性的要求较高。例如，排球运动员的扣球动作，最重要的是腕部的柔韧性，因为腕部是控制球的关键部位，可控制球的方向、速度。但扣球时需要肩、胸、腰、胯都有较好的柔韧性，这样才有利于体前肌群的拉长，然后发力传递到手部，使球扣得更有力；下肢柔韧性好，才能充分发挥弹跳力以赢得空中发力的时间。如果腕部柔韧性差，扣球时将使球失去方向，且不能充分运用好全身的力量。因此，对任何一个具体项目来说，全身各关节的柔韧性在每一个动作中都有其具体的作用，无论哪一个部位柔韧性差，都会影响动作的掌握程度和技术的发挥。因此，各关节柔韧性的发展是相互交替、相互促进的。

有的项目因专项技术的需要，对全身各关节的柔韧性要求都很高。例如，竞技体操、技巧、艺术体操、跳水等项目，不仅对肩、腰、胸、胯、腿的柔韧性有较高的要求，甚至对脚面的柔韧性也有较高的要求。可见，柔韧素质对各项运动技术的掌握和发挥具有重要的作用，其具体作用如下：

①加大运动幅度，有利于技术的发挥；

②提高关节的灵活性，增加动作的协调优美感，可获得最佳的机能水平；

③加速动作掌握进程，有利于技术水平的提高，使技术动作显得轻巧、灵活，更加协调和准确；

④减少伤害事故的发生，延长运动寿命；

⑤柔韧素质是各项运动选择运动员的重要依据之一。

二、柔韧素质的种类

人们通常把柔韧素质简称为柔韧性。但不能把柔韧性和柔软性混为一谈，虽然两者都可用肢体活动幅度的大小来衡量，但它们在实质上是有区别的：从字义上讲，柔韧是既柔和又坚韧，即柔中有刚，刚柔相济；而柔软只是柔、不硬，或者柔中无刚，刚柔不相济；从性能上看，柔韧在肢体活动幅度中还含有速度和力量的因素，即肢体在做大幅度动作时，肌肉仍能快速、有力地收缩，就像钢丝一样，既能弯曲又能迅速伸直。而柔软只是活动幅度大，却缺乏速度和力量，肢体做动作时软绵绵的，打得开却收不拢。体育运动中需要的是柔韧性而不是柔软性。

柔韧素质的种类如图 6-1 所示，从其与专项的关系看，柔韧素质可分为一般柔韧素质与专项柔韧素质。一般柔韧素质是指为适应一般技能发展所需要的柔韧素质。专项柔韧素质是指适应专项运动特殊需要的柔韧素质。由于专项柔韧素质具有较强的选择性，因此身体同一部位具有的柔韧素质由于项目的需求不同，在幅度、方向等方面的表现上也各有差异。

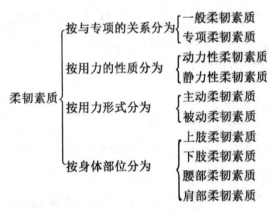

图 6-1　柔韧素质的种类

从用力的性质来看，柔韧素质可分为动力性柔韧素质和静力性柔韧素质。动力性柔韧素质是指肌肉、肌腱、韧带根据动力性技术动作的需要，拉伸到解剖学允许的最大限度的能力，随即利用强有力的弹性回缩力来完成项目要求的动作，如运动前的拉伸就是动力性柔韧素质的体现。静力性柔韧素质是指肌肉、肌腱、韧带根据静力性技术动作的需要，拉伸到动作所需要的位置、角度，控制其停留一定时间所表现出来的能力。例如，体操中的控腿、劈叉，体育舞蹈中的各种造型，跳水运动员保持体前屈的姿势等，就是静力性柔韧素质的体现。动力性柔韧素质建立在静力性柔韧素质的基础上，但必须有力量素质作为基础。静力性柔韧素质好，动力性柔韧素质不一定好。

从用力的形式看，柔韧素质可分为主动柔韧素质和被动柔韧素质。主动柔韧素质是在主动运动中表现出来的柔韧水平；被动柔韧素质则是在一定外力协助下完成或在外力作用下表现出来的柔韧水平。主动柔韧素质不仅反映了对抗肌的可伸展程度，而且也可以反映主动肌的收缩力量。

从柔韧素质在身体不同部位的表现看，其又可分为上肢柔韧素质、下肢柔韧素质、腰部柔韧素质、肩部柔韧素质，等等。

三、决定柔韧素质的因素

研究人体结构及其他有关情况可知，影响柔韧素质的因素是多方面的，主要有骨关节结构，跨过关节的肌肉、肌腱、韧带等的伸展性，关节周围组织的大小，年龄及性别，以及活动水平、温度、疲劳程度等。人们了解这些因素，就能掌握发展柔韧素质的规律，正确运用发展柔韧素质的练习方法、手段，可以预防受伤。

影响柔韧素质的主要因素有以下几个。

（一）骨关节结构

骨关节结构是依据人体生理生长规律需要而形成的，这种结构装置是被限定的，因此关节运动幅度被限定在一定范围内，通过训练是难以改变的。它们的活动范围是根据关节头和关节窝两个关节面之差确定的，两个关节面之差越大，关节活动幅度也就越大。骨关节结构因人而异，如肘关节中的肱尺关节，它可使肘屈伸幅度被固定在角度较大的范围内。如果鹰嘴突较长会导致肘关节不能完全伸直，其伸展性会受到一定影响；如果鹰嘴突较短，又会使肘关节过分伸展，进而出现倒弯。骨关节结构的生长是先天的，通过训练是难以改变的，但通过训练可以使各个关节达到最大的活动范围，充分挖掘其潜力；而没有经过训练的人，各关节所具有的活动潜力非但不能发挥，甚至还会消退。

关节运动轴决定着关节的灵活性，如指关节是单轴关节，只能屈伸；腕关节是多轴关节，可屈伸、内收、外旋、绕环。可见，腕关节比指关节灵活。

（二）跨过关节的肌肉、肌腱、韧带

关节的加固主要靠的是肌腱和韧带，肌肉从关节外部补充加固关节的力量，控制关节活动幅度。韧带本身是抗拉性很强的组织，它主要的作用是加固关节，限制关节在一定范围内活动，从而保护关节不因超出解剖允许的限度而受伤。在一般活动中，很少达到这种关节面所允许的解剖限度，这是因为与运动方向相反的对抗肌伸展不足造成进一步的限制。例如，屈膝、伸膝，当腿在水平面时人们可任意屈膝、伸膝，当大腿贴胸时，人们屈膝仍自如，但伸膝感到困难，这是大腿后侧肌群及韧带伸展不足所致。可见，要发展某一关节的柔韧素质，主要是训练限制关节活动幅度的对抗肌，使其主动受到牵拉伸展，逐渐增加它们的伸展度，从而扩大关节的运动幅度。为力求达到解剖的最大限度，就必须完全克服对抗肌的阻力以后仍然拉伸，从而牵拉到肌腱，此时肌腱的拉伸完全受外部拉伸力和对抗肌回缩力的作用而拉伸，这能进一步增强肌肉、肌腱的弹性和伸展性。

人们在具体发展某一关节的柔韧性时，主要发展控制关节屈、伸的肌群伸展性及协调能力。例如，发展膝关节的伸膝能力，主要发展大腿后部肌群及小腿后部肌群的伸展性；发展屈膝能力，主要发展大腿、小腿前部肌群的伸展性。再如，发展体前屈的柔韧性，主要发展腰背肌群及大、小腿后部肌群的伸展性；发展体后仰的柔韧性，主要发展肩部肌群、胸大肌、腹肌及大腿前部肌群的伸展性。可见，在发展某一部位的柔韧素质时，应让屈、伸肌相互协调发展才能提高其关节的柔韧性。因此，增加跨过关节的肌肉、肌腱、韧带等的伸展性是提高柔韧素质的重要途径，应予以足够的重视。

（三）关节周围组织的大小

关节周围的肌肉块过大或脂肪过多，都会影响柔韧素质的提高。例如：肩部三角肌过大，会影响肩关节的活动范围；肱二头肌过大，会影响肘关节的弯曲程度等。因此，在练完三角肌和肱二头肌后，要做肩肘部的伸展和放松练习，尽量拉长肌纤维，增强肌

肉弹性，既能使肩肘部力量加大，又能增强肩肘部的柔韧性。此外，皮下脂肪过多且大腹便便者，很难完成体前屈动作，只有减少腹部的脂肪，身体前屈的幅度才会增大。

（四）年龄与性别

1.年龄

根据人的生理自然生长规律，初生的婴儿柔性最好。随着年龄的递增、骨的骨化过程、肌肉的增长，韧性逐渐加强。柔韧性的增长在 10 岁以前是自然发展，10 岁以后随年龄的增长，柔韧性相对降低。特别是髋关节，由于腿的前后活动多，加之肌肉组织增大，使左右开胯幅度明显下降。因此，在 10 岁以前就应进行应有的柔韧练习，使其自然增长的柔韧性得到提高。在 10～13 岁这个年龄段应充分发展柔韧练习，因为这个年龄是性成熟前期，骨的弹性增强，肌肉韧带的弹性、伸展性仍有较强的可塑性，此时进行充分的柔韧练习，使各关节活动幅度达到最大解剖限度，能充分提高肌肉韧带的伸展性，这不仅能提高各关节的柔韧性，而且对青春期少年的身高增长也是有利的。如果在 10 岁以前柔韧性未得到发展，在 10～13 岁这个时期仍然可以进行柔韧练习，也能获得应有的柔韧效果，超过这个年龄再进行训练，将会使受训者经受较大痛苦，费时长、收效慢，且易于受伤。13～15 岁为生长期，骨骼生长速度超过肌肉的生长速度，因此人体柔韧性有所下降。在这个时期，要特别注意身体发育的匀称性，要多做全身性的伸展练习，巩固已获得的柔韧效果，但不要过分进行柔韧性练习，以免拉伤。如果 13 岁以前获得了良好的柔韧性，在 16～20 岁（青春期）柔韧性虽有些下降，但在该年龄段整个身体发育趋向成熟，可加大柔韧训练的负荷和难度，从而在已获得的柔韧素质基础上进一步获得专项所需要的柔韧素质。

2.性别

根据生理解剖特点，男子的肌纤维长，横断面积大于女子，伸缩度较大，全部肌纤维的 3/4 强而有力；女子的肌纤维细长，横断面积小于男子，伸展性好，对关节活动限制小，全身仅有 1/2 的肌纤维强而有力，因此女子关节的灵活性好于男子。

（五）疲劳程度

当肌肉由于长时间工作产生疲劳时，其弹性、伸展性、兴奋性均降低，这会造成肌肉收缩与放松不完善，各肌群不能协调工作，从而导致关节柔韧性降低。

（六）温度

当肌肉温度升高时，新陈代谢加强，供血增多，肌肉的黏滞性降低，从而提高了肌肉的弹性和伸展性，使柔韧性得以提高。影响柔韧性的温度有外界环境温度和体内温度，体内温度的调节用于补偿外界环境对机体产生的不适应。当外界环境温度较低时，必须做充分的准备活动，提高肌肉温度，增加柔韧性；当外界环境温度较高时，机体会排出一定量的汗液以降低温度，以免肌肉过早出现疲劳，降低关节的柔韧性。柔韧性与外界温度有关，但更重要的是人体的机能状态不同，导致柔韧性产生一定的变化，如刚睡醒后柔韧性较差，早晨柔韧性明显下降，中午的柔韧性好于早晨。

（七）神经过程转换的灵活性

神经系统兴奋与抑制过程转换的灵活性与运动活动中肌肉的基本张力有关，特别是中枢神经系统对对抗肌之间协调性的改善，以及对肌肉紧张和放松的调节能力的提高，这些都体现了神经系统的灵活性对柔韧素质的作用。神经过程灵活性高，则肌肉兴奋性强，肌肉、肌腱、韧带的弹性和伸展性好，支配肌肉收缩与放松的能力强，使参与工作的诸多肌肉协调活动，从而使柔韧性提高。

（八）活动水平

不爱活动的人比经常活动的人柔韧性差，其原因是长期坐着不动，膝、髋关节等总是处于特定的位置，使相应肌群变短、僵硬，导致肌肉韧带的正常伸展性丧失，关节活动范围缩小。另外，人体不活动容易造成体内的脂肪堆积，也会限制柔韧性的发挥；即使是参加活动的人，中断活动后，柔韧性也会降低。同样是经常参加活动的人，由于活动的方法、手段、量和强度不同，其柔韧素质也有所差异。所以说，活动水平对柔韧素质的影响很大。

（九）心理因素

心理紧张度可通过中枢神经系统影响到人体各部位的工作状况，心理过度紧张、紧张的时间过长，会使神经过程由兴奋转为抑制，严重影响身体各部位的协调能力，从而影响柔韧性。柔韧素质要经过长期艰苦的训练才能逐步发展，停止练习后又容易消退，而且练习过程中经常伴有疼痛感，因此发展柔韧性需要毅力和耐心。只有意志坚强的人，忍耐住疼痛，坚持不懈地练习，才能取得良好的效果。一个意志薄弱的人，遇到困难和疼痛就退缩，或者进行"三天打鱼，两天晒网"式的练习，是很难提高其柔韧素质的。

第二节　柔韧素质训练的组织与实施

一、柔韧素质的训练方法

（一）柔韧素质训练的基本方法

1.主动或被动的静力性拉伸方法

这是一种缓慢地将肌肉、肌腱、韧带拉伸到一定位置并略有超过，然后停留一段时间的练习方法。这种方法可降低或消除超过关节伸展能力的危险性，防止拉伤。由于拉伸缓慢不会激发牵张反射，故一般可要求在肌肉酸、胀、痛的时候停留6～8秒，重复6～8次。

2.主动或被动的动力性拉伸方法

这是一种有节奏、速度较快、幅度逐渐加大、多次重复一个动作的拉伸方法。在运用该方法时，用力不宜过猛，幅度一定要由小到大，先做几次小幅度的预备拉长，然后加大幅度，从而避免拉伤。每个练习重复5～10次（重复次数可根据专项技术需要而定）。主动的动力性拉伸方法是靠自己的力量拉伸，被动的动力性拉伸方法是靠同伴的帮助或负重借助外力的拉伸，但外力应与运动员被拉伸的可能伸展能力相适应。

上述基本方法可单独使用也可混合运用，练习时间根据需要而定。

在器械上的练习：利用肋木、平衡木、跳马、把杆、吊环、单杠等进行拉伸练习。

利用轻器械的练习：利用木棍、绳、橡皮筋等进行拉伸练习。

利用外部的阻力练习：利用同伴的助力、负重等进行拉伸练习。

利用自身助力或自身体重的练习：如压腿时双手用力压的同时上体前压；在吊环或单杠上做悬垂动作等。

发展各关节柔韧性所采用的动作：压、踢、摆、搬、劈、绕环、前屈、后仰、吊、转等。

（二）发展各关节柔韧性的基本训练方法

1.肩关节

肩关节是由半球形的肱骨头和肩胛骨的关节盂构成的球窝节，所以肩关节是关节中最灵活、活动幅度最大的关节。它的加固主要靠上肢韧带和三角肌，因此该关节的练习，既可以增加肩部肌肉力量，同时又可以增加肩部的柔韧性。发展肩关节的柔韧性练习主要有主动或被动地压肩、拉肩、吊肩、转肩等，如手扶肋木的体前屈压肩、背对肋木双手上握向前的拉肩，在单杠或吊环上做各种握法的悬垂、借助绳或木棍的转肩等练习。

2.肘关节

肘关节由肱尺关节、桡尺关节、肱桡关节构成，由内侧、外侧副韧带及桡骨环状韧带加固。肘关节在运动时屈伸动作较多，所以可在发展屈肌力量练习的同时配以屈肌的伸展性练习，主要采用压肘、旋内、旋外、绕环练习。

3.腕关节

腕关节由桡腕关节（使手屈伸、内收外展）及腕间关节（使手旋转）构成。体操运动员主要发展背屈能力，可采用俯卧撑推手、倒立爬行等练习；篮球、排球、乒乓球、手球、网球等项目对手腕的灵活性要求较高，因此既要发展腕关节屈伸、内收外展的能力，又要发展腕关节的旋转能力，主要通过基本动作、基本技术来发展；举重运动员应发展手背后屈柔韧性等。

4.膝关节、髋关节

（1）膝关节

膝关节由股骨远端、胫骨近端、髌骨后的关节面以及半月板构成，由内外侧副韧带、髌韧带、交叉韧带加固。发展膝关节的柔韧性主要指发展腿部后面肌群（股二头肌、半腱肌、半膜肌、小腿三头肌）的伸展性；发展屈膝能力主要指发展腿部前面肌群（股四头肌、胫骨前肌、姆长伸肌）的伸展性。

（2）髋关节

髋关节由球形的股骨头与髋骨的髋臼构成。由于髋臼较深，并有软骨形成的关节盂加大与股骨头的稳固适应，虽然它是球窝关节，但运动幅度受到限制。髋关节的柔韧素质主要指前后、左右开胯的能力。膝关节、髋关节的柔韧性常结合在一起训练，称为腿部柔韧练习。经常采用的练习方法有压腿、踢腿、摆腿、劈腿等。

5.踝关节

踝关节又称距小腿关节或距上关节，由胫骨下关节面和胫、腓骨的内、外踝关节面与距骨滑车构成屈戌关节（屈戌关节）。踝关节前后韧带薄弱，而两侧的内、外侧副韧带较厚。踝关节主要发展机体背屈、背伸及内、外翻的能力。体操运动员主要发展足背的绷脚面能力，常采用各种伸足背的练习方式；足球运动员主要发展内、外翻的能力；举重运动员主要发展背屈的能力等

6.脊柱

脊柱由 26 块椎骨组成，椎骨之间靠椎间盘连在一起。其中有 23 块椎体有椎间盘，椎骨之间由于椎间盘的弹性有少许转动，当肌肉牵动椎骨时，每一个椎骨少许转动的总和就使脊柱有了相当大的运动幅度。因此脊柱能前屈、后倾、向右侧屈、向左侧屈及转动。脊柱的柔韧性包括颈椎、胸椎、腰椎的柔韧性。

二、柔韧素质训练应注意的问题

柔韧素质是协调素质的基础，因此提高柔韧素质对发展协调素质至关重要。鉴于柔韧素质练习的特点，在发展柔韧素质的过程中应注意以下问题。

（一）柔韧素质训练要循序渐进、持之以恒

发展柔韧素质的训练，痛感强，见效慢，因此应持之以恒才能见效。初次练习时易见效，第二天再练习有痛感，这是肌肉被拉长回缩力增加的缘故，因此应继续慢慢将其拉开，消除痛感。经过一段时间的练习，机体对该长度的伸展已适应，应进一步拉长肌肉、牵拉肌腱，进一步增强回缩力。因为柔韧素质训练本身就是一个由不适应到适应的逐步提高过程。

由于肌肉、韧带等软组织的伸展性并不是一朝一夕就能得到提高的，所以练习应逐步提高要求，做到循序渐进，不能急于求成。根据停止柔韧练习一段时间，已获得的柔韧效果便会有所消退的特点，柔韧性练习要做到系统化、经常化。特别是当某一部位因伤停止练习后，该部位通过练习所获得的柔韧效果将会全部消退，其恢复期就会延长。因此，在某一部位受伤后，应该坚持对其他部位进行练习，否则柔韧性会因停练而消退。

（二）柔韧素质训练要因项而异、因人而异

柔韧素质训练必须根据专项特点和练习者的具体情况安排。例如：跳跃项目的运动员主要要求腿部和髋部的柔韧性；游泳运动员主要要求踝关节和躯干的柔韧性；体操运动员主要要求肩、髋、腰、腿部的柔韧性。因此，练习者在全面发展身体各部位柔韧性的基础上，要重点练习本专项所需要的几个部位的柔韧性。另外，由于练习者的具体情况不一样，在进行柔韧素质练习过程中必须区别对待，突出针对性、应用性，这样才能收到良好的练习效果。在运动训练中，虽然各专项对柔韧性都有一定的要求，但一般来说，没有必要使柔韧性的发展达到最大限度，柔韧性的发展程度只要能满足专项运动技术的需要就可以了。

（三）柔韧素质训练应与力量素质训练相结合

柔韧素质的发展是以肌肉力量的增长为前提的，但决不能因为肌肉体积的增长影响关节活动幅度。力量练习能发展肌肉的收缩能力，柔韧练习能发展肌肉的伸展能力，因此力量练习结合柔韧练习对提高肌肉质量大有益处——既能使力量和柔韧性同时增长，又能保证关节的灵活性和稳固性。

（四）柔韧素质训练要兼顾相互关联的各个部位

在有些动作中，柔韧性不仅仅表现在一个关节或某个身体部位上，而是牵涉几个相互关联的部位，如为了发展腰部柔韧性而采用的"桥"式练习方式，就需要肩、脊柱、髋等部位相互配合。因此，在练习过程中应同时对这几个部位进行训练，倘若忽视某一部位就有可能出现运动拉伤。如果发现某一部位柔韧性稍差，就应立即采取措施使其得到改善。另外，也可通过发展其他部位的柔韧性使其得到补偿。这样做可以使各部位的

柔韧性得到发展，满足专项运动训练的需要。

（五）柔韧素质训练要注意外界温度与练习时间

外界温度过高或过低，都会影响肌肉的状态，进而影响肌肉的伸展能力。一般来说，当外界温度为 18 ℃时，有利于柔韧性的发展，因为肌肉在这个温度下伸展能力较好。温度过高、肌肉紧张或无力都会影响其伸展能力。例如，跳高运动员每做完试跳活动之后，总要穿上衣服，目的是保持体温，使肌肉处于良好的状态，以便迎接下次试跳。一天之内，任何时间都可以进行柔韧素质训练，只是效果不同。早晨柔韧性会明显降低，所以早晨可以做一些强度不大的"拉韧带"练习；在 10：00～18：00，人体能表现出良好的柔韧性，此时可进行一些强度较大的柔韧性练习。

（六）柔韧素质训练之后应结合放松练习

练习者在进行柔韧素质训练之后，应做相反方向的练习，使机体供血、供能机能加强，加快肌群的放松和恢复。例如，压腿之后做几次屈膝练习，体前屈练习之后做几次挺腹、挺脖动作，下腰后做几次体前屈或团身抱膝动作等。

（七）柔韧素质训练要从小开始

从小发展的柔韧素质，由于是在人体自然生长发育的过程中实现的，因此能得到保持和巩固，不易消退。此外，柔韧素质发展的敏感期是 5～10 岁，所以在此期间要抓紧练习，并在 10 岁以前使柔韧素质得到较好发展。

（八）柔韧素质训练时要防止受伤

柔韧素质训练主要是运用各种方法拉长人体关节肌肉、韧带的长度，但如不注意方法，非常容易出现肌肉拉伤事故。因此，要提高柔韧素质训练的最终效果，必须防止在练习时受伤。在进行柔韧素质训练前，练习者可做一些热身活动，减少肌肉的黏滞性；在拉长肌肉的过程中，不宜用力过猛，特别是在进行被动柔韧练习时，教练员施加的外力要循序渐进，要了解运动员的个性特征，还要注意观察运动员的练习反应，以便合理地加力与减力，保证柔韧素质训练正常进行。

第七章　康复训练

第一节　康复训练的基本认识

一、康复训练的概念

运动康复训练是物理治疗的重要分支，也是物理治疗的主体内容之一。康复训练又称为功能锻炼，主要是通过系统的、具有针对性的功能性训练，并充分考虑受伤组织的生理恢复周期，给机体以适当的运动刺激，从而改善机体功能，提高机体运动能力。

康复训练治疗的最终目标是使受训者早日恢复训练，按时参加考核，并取得良好的成绩。因此对受训者来说，伤后康复训练有着更为特殊的意义。康复训练的短期目标主要有：缓解疼痛，保持或提高柔韧性，恢复或增加肌肉力量，恢复神经肌肉支配和维持心肺功能水平。康复训练的长期目标是使受伤的受训者尽快重新进行训练。实现康复训练的长期和短期目标比较简单，难点在于，为有效地达到这些目标，要根据受训者的个体情况制订个性化的康复方案。

二、康复训练的主要作用

体能训练伤病后的康复训练是指应用运动手段使损伤部位生理功能和运动能力早日恢复的训练。康复训练可以作用于受伤机体，在全面治疗的基础上，各种不同的专门练习对个别器官、系统，对创伤和病变部位也起着相应的治疗作用。

（一）提高中枢神经系统的调节机能

高级神经中枢（大脑皮层）对全身的生理活动起着调节作用，但它又通过接受周围各系统、器官的刺激冲动来维持其正常机能。当人体患病或受伤后，被迫采取静养或长期卧床休息时，由于缺乏运动，运动器官传入大脑皮质的刺激冲动显著减弱，于是中枢神经系统，特别是大脑皮质的兴奋程度明显降低，因而减弱了对全身器官系统的调节，造成机体内部以及机体与外界环境的平衡失调。针对这种情况，康复训练通过适当的运动，能加强本体感受刺激，通过传入神经来提高中枢神经系统的兴奋性，改善大脑皮质和神经体液调节功能。由于神经系统调节功能得到改善，机体对外界环境的适应能力和对致病因素的抵抗力增强，从而可以提高人体预防伤病的能力。

（二）改善血液循环和物质代谢

训练伤病会影响某些内脏器官的功能，加上缺乏运动，整个身体的机能活动处于较低水平，特别是血液循环和新陈代谢功能变得很差，不利于伤病痊愈和康复。康复训练能通过神经反射和神经体液调节，来改善全身血液循环和呼吸功能，改善新陈代谢和组织器官的营养过程，使整个机体活动水平提高，从而有利于伤病的康复。

对于损伤局部，由于肌肉的活动能改善血液、淋巴循环，加强组织的营养代谢过程，因而能加速炎症的恢复和损伤局部淤血的消散，加快组织再生和修复过程。在骨折病变的临床观察中，早期采用康复训练者，骨痂形成的时间比不进行功能锻炼者缩短 1/3，而且骨痂生长良好。

（三）维持和恢复机体的正常功能

康复训练有促进机体功能正常化的作用，表现在伤者机体或某一系统功能受到影响时，通过专门的功能练习，能使其恢复正常。因骨折引起关节功能障碍的患者，进行康复训练，可使局部血管扩张，血流加快，提高酶的活性，使肌纤维增粗，关节滑液分泌增加，改善软骨营养，并可牵伸挛缩和粘连组织，从而使肢体功能恢复。

此外，康复训练还能维持原有的运动性条件反射，消除或抑制病理性反射，因而有助于机体维持和恢复正常功能。

（四）发展和增强身体代偿功能

损伤或疾病会对身体某些器官的功能产生严重损害，甚至会使某些器官的某一功能丧失，但依靠代偿作用，机体能使这些受损器官的功能尽量恢复。康复训练对发展身体的这种代偿功能有很大的作用。例如，肺叶切除手术后的病人，经过长期的呼吸体操锻炼，能使呼吸肌、剩余的肺叶以及肺组织充分发挥作用，来补偿被切除肺叶的呼吸功能；又如断肢移植手术后的病人，经过反复的专门功能锻炼，可以形成新的运动技巧。

三、康复训练的基本原则和注意事项

（一）康复训练的基本原则

第一，无论进行何种康复训练或功能锻炼，都应以不加重损伤、不影响损伤的愈后和正常的治疗为前提，应尽可能不停止全身或局部的活动，并且对伤部肌肉的训练越早越好。

第二，康复训练要根据损伤的性质、程度、部位以及患者的具体情况来决定练习的方法，即做到分别对待，个性治疗。

第三，在整个康复训练过程中要贯彻局部与全身兼顾、动静结合的原则。在损伤初期应以全面身体运动为主，在不加重局部肿胀和疼痛的前提下，适当进行局部运动。随着损伤逐渐好转，局部运动量和时间可适当增加。在损伤后期，应对受伤部位安排有针对性的康复练习，促进局部功能恢复，使整体机能保持良好的状态。

第四，伤后训练的运动量安排，必须坚持循序渐进的原则。康复训练的幅度、频率、持续时间、负荷量等都应逐渐增加，以不引起疼痛、肿胀为宜，切忌粗暴的被动活动。

第五，加强伤后训练的医务监督。伤后训练应做好准备活动，有条件的应尽量使用保持支持带。训练后注意伤部反应，发现异常情况应及时调整运动量和训练内容，训练后应采取适当的恢复措施并进行积极治疗。

（二）康复训练的注意事项

为了做好体能训练后的康复训练，除了应遵循上述原则，还应注意以下事项。

1.尽量保持全身训练和未伤部位的训练

如果上肢受伤,可以练下肢,下肢受伤可以练习上肢,一侧肢体受伤时练对侧肢体,立位练习有限制可以进行坐位或卧位练习等,这样可以避免机体伤后机能状态下滑,保持一定的训练水平。对未受伤部位进行训练,应注意负荷量要适当,不要单纯以加大未伤部位的训练量来代替已伤部位的负荷量。

2.控制患处功能活动的质和量

以局部活动后患处不出现局部疼痛和练习后24小时不出现肿胀为练习的原则。

急性损伤早期,伤区可暂不活动,以免再度出血,增加肿胀和疼痛。一旦症状有所减轻,就应及早开始活动,进行功能锻炼。待基本痊愈后,才能进行正常训练。一般来说,急性软组织损伤在伤后24~48小时以后即可开始活动。轻伤,不肿者,可提早些;损伤严重,肿胀和出血明显者,可稍晚些。

对慢性损伤和劳损进行合理的伤后训练是最适宜的。在安排训练时,首先要弄清损伤的性质和程度,受伤原理、局部组织的解剖结构特点和弱点,然后考虑局部负担量,以确定康复训练的形式和内容。从对伤情影响较轻的动作开始,逐步过渡到专项训练。运动量的大小,以练习后损伤部位无明显疼痛,经一晚休息后原有症状不见加重为宜;一般5~6天后,若无不良反应,才可开始加量。

3.加强功能性训练

加强伤部有关肌肉的力量和关节功能练习,是伤后康复训练的重要内容。其目的是提高伤部周围肌肉的负担能力,提高组织结构的适应性,以使关节、肌肉恢复正常功能。

在力量练习内容的安排上,不但要锻炼原动肌,也要锻炼对抗肌;不但要锻炼大肌肉群,也不能忽视小肌肉群的锻炼。在练习方式上,可采用静力性练习与动力性练习相结合,力量性练习和柔韧性练习相结合的方式。一般从静力性练习开始,然后逐渐结合动力性练习。先进行不负重的练习,再逐渐过渡到负重的练习。

4.康复训练后做好受伤部位的疲劳恢复

每次康复训练后做好放松练习及热敷或轻度按摩,有利于受伤部位的疲劳恢复。如果活动不当,轻则延误治疗时机,重则产生影响机体健康的局部功能障碍。

5.必须调动患者的主观能动性

患者要积极、主动、认真地做好每一项活动,同时又要防止康复训练中盲目、过早地进行大强度的负荷活动。

6.加强对患者的心理疏导

在康复训练过程中,相关人员应加强对患者的心理疏导,使之对伤病有正确的认识,保持乐观心态,愉快地接受治疗和康复训练,促进机体尽快康复。

一是要正确认识和理解训练损伤。受伤是正常现象,只能尽量避免、降低其发生的概率,但不能完全消除。

二是要正确归因。吃一堑长一智,汲取受伤的教训,总结预防伤病的经验、知识。伤病一旦发生,患者就应该把注意力放在将来,而不是过去,更不能频繁地去回忆受伤的场景,应尽量避免回忆与想象。要客观、公正地归因,分析受伤原因,目的是避免以后类似情况再次发生。

三是要认真治疗。康复计划是结合患者伤病实际情况制订的,患者学会观察与感受身体机能的内外在变化,对缩短伤病康复时间特别有益。防止急躁情绪,严格执行康复计划,不断地达到预先设定的康复目标。

必须明确,康复训练一般不要求达到100%的效果后才进入正常的体能训练,经过康复训练,患肢活动范围正常,力量和负荷强度可达到 90%,无特殊问题,患者即可投入正常的训练,结束康复训练阶段。

第二节　康复训练的方法与内容

一、康复训练的基本方法——医疗体操

体能训练伤病后的康复训练有多种方法,如医疗体操、医疗运动以及我国传统的体疗手段。其中,医疗体操是根据患者伤病情况,为达到预防、治疗及康复的目的而专门编排的体操运动及功能练习,它对损伤器官的功能恢复具有良好的作用。医疗体操的特点是选择性强,准备姿势、活动部位、运动幅度、运动速度、动作的复杂性及肌肉收缩

程度等，都可根据需要来选择。因此，可根据各种伤病的性质有针对性地选择运动内容，可使其作用到全身，也可作用在局部关节、肌肉。运动量容易控制和掌握，可用来改善速度、力量、耐力、协调性等各种不同身体素质。此外，医疗体操动作多样化，可以引起伤者的兴趣。

医疗体操根据运动方式及目的不同，可分为以下几种。

（一）被动运动

被动运动是一种完全依靠外力帮助来完成的运动。进行被动活动的肢体肌肉应放松，利用外力固定关节的近端，活动关节的远端，根据病情需要尽量使关节做各方向全幅度运动，但要避免动作粗暴。它适用于由各种原因引起的肢体运动功能障碍，能起到放松痉挛肌肉，牵引挛缩的肌腱、关节囊和韧带，恢复和保持关节活动幅度的作用。

（二）助力运动

伤者患肢尚无足够力量完成主动运动时，由医务人员、患者本人的健康肢体或利用器械提供力量来协助患肢进行运动的，称为助力运动。进行助力运动时，应以病人主动用力为主，外力帮助为辅，助力应与主动用力配合一致，避免以助力代替主动用力。随着肌肉力量不断恢复，逐渐减少助力。它适用于创伤后无力的肌肉，或不全瘫痪肌肉的功能练习，以及体力很差、虚弱的伤者；关节活动幅度存在障碍时，也可用助力运动来帮助加大关节活动的幅度。

（三）主动运动

这是由患者主动完成的运动。可根据治疗需要，进行单关节的运动或多关节的联合运动；单方向的运动和不同幅度、不同速度的运动。主动运动又分为等张收缩运动，即可引起关节活动的肌肉收缩运动，又称动力性运动；等长收缩运动，即肌肉收缩而无关节活动，又称静力性运动，它能有效地增长肌力，特别适用于对被固定的肢体进行肌肉力量训练；等速运动（亦称等动练习），是一种必须用专门器械进行的有效的发展肌力的练习。等张、等速练习又可分为向心收缩练习及离心收缩练习两种。另一种特殊的主动运动称为传递性冲动练习，这是通过意念，从大脑有节律地向肌肉主动传递神经冲动的运动。它广泛地应用于由偏瘫、截瘫和周围神经损伤等导致的肌肉完全丧失功能的情况，一般与被动运动配合应用，能更有效地促进患者恢复。

（四）抗阻运动

抗阻运动即肢体主动克服外部阻力的运动。阻力可来自他人、自身的健肢或器械，如哑铃、沙袋、弹簧、橡皮筋及大型器械等。阻力大小根据病人肌肉力量而定，以经过努力能完成动作为原则。抗阻运动同样有等张、等长、等速及向心、离心之分。抗阻运动的作用是恢复和发展肌肉力量，广泛用于缓解由各种原因导致的肌肉萎缩等症状。

在进行抗阻运动练习时，可采用渐进抗阻运动的练习方法，它是通过使肌肉循序渐进地（在能够承受的最大负荷下）做一定重复次数的等张收缩，从而较快地增强肌肉力量的一种练习方法。也可用等长收缩代替等张收缩，或者两者结合应用。渐进抗阻练习的原则是采用大负荷、少重复次数或短时间的练习。练习时随肌肉力量的增长积极地增加阻力，但重复次数或持续时间保持不变。每一次练习时，各组练习的阻力也逐步增加，如第一组用可完成动作的最大负荷 1/2 的重量，重复 10 次；第二组用可完成动作的最大负荷 3/4 的重量，重复 10 次；最后一组用可完成动作的最大负荷重量重复 10 次。随着肌肉力量的增强，应及时调整最大负荷的重量。

（五）协调运动

协调运动是恢复和加强协调性的运动。包括上下肢运动协调、四肢躯干的运动协调、左右两侧肢体对称或不对称的运动协调等。动作应由简单到复杂，由单个肢体到多个肢体联合协调运动。上肢和手的协调运动应从训练动作的精确性、反应速度以及动作的节奏性方面入手；下肢的协调运动主要练习正确的步态和上下肢动作的配合、协调等。协调运动主要用于中枢和周围神经疾患和损伤的患者。

（六）平衡运动

平衡运动是锻炼身体平衡能力的运动。运动中锻炼身体的支持面应由大逐渐到小，身体重心由低逐渐到高，由视觉监督练习逐步过渡到闭目练习。平衡运动直接作用于前庭器官，通过加强它的稳定性，可改善身体的平衡功能，常用于神经系统或前庭器官病变引起的平衡功能失调。

（七）器械运动

器械运动是借助器械进行的主动、助力、抗阻或被动运动，它通过器械的重量、杠杆作用、惯性力量来增强力量、加大阻力，扩大关节运动幅度，发展动作的协调性。使用器械还可使体操动作多样化，提高患者锻炼的兴趣。医疗体操中用的器械，有一类被称为自由重物，如沙袋、哑铃、橡皮筋；另一类为大型力量练习器，如联合练习器械、墙挂拉力器、单杠、双杠、吊环、行走梯、功率自行车等。一些日常生活用品，如毛巾、棍子、床等也可用于康复锻炼。

二、康复训练的内容安排与处方制定

康复训练是否科学有效，康复训练的内容安排和处方制定是重要的影响因素。

（一）康复训练的内容安排

康复训练不仅要恢复患者受伤部位的运动能力，在康复训练期间也要保持患者没有受伤部位的运动能力和心肺功能。因此，恢复训练包括的内容很多，需要认真组织才能达到迅速恢复运动能力的目的。康复训练的内容设置如表 7-1 所示。

表 7-1　康复训练内容设置

	时期	针对部位	内容	目的
1	损伤急救期	损伤部位	冰敷	防止肿胀出血
		心理	沟通	保持冷静，客观对待损伤
2	康复训练期	损伤部位	针对损伤部位进行训练（包括力量、柔韧性、平衡性训练等）	受伤肌肉、骨骼的功能恢复
		健康部位	力量、柔韧性训练	维持运动能力
		循环系统	递增负荷训练	维持心肺功能
		心理	沟通和咨询	重拾信心，克服消极心理
3	适应性训练时期	运动器官	综合训练	逐渐适应训练内容
		心理	沟通和咨询	重拾信心，克服畏难心理

在康复训练中，心理调整也占有重要地位。心理调整应贯穿整个康复训练过程，在对受伤部位进行康复训练的同时，也要注意伤者心理因素。

（二）康复训练的处方制定

运动处方是指根据个人身体情况而制订的一种科学的、定量化的周期性锻炼计划。即根据对锻炼者所测试的实验数据，按其健康情况、体力情况及运动目的，用处方的形式确定适当的运动类型、强度、时间及频率，使锻炼者进行有计划的周期性运动的指导性方案。

根据运动目的的不同，运动处方可分为健身运动处方、健美运动处方、竞技运动处方和康复运动处方等。康复运动处方的基本要素和普通运动处方一样，包括运动目的、运动类型、运动强度、运动时间、运动频度和注意事项等。

1.康复训练处方制定的相关依据

（1）临床检查

临床检查不仅是检查身体的健康情况，还应包括精神、心理状态及社会适应能力等多方面的内容，需要进行多指标的综合评定。

（2）体质测试

体质是指身体运动的基本功能和基本素质，它体现为人体在运动中表现出的力量、速度、耐力和灵敏性等机能，可通过测定握力、背力、立位体前屈、闭眼单足立、反复横跨、俯卧撑和纵跳等指标来衡量。

2.康复训练处方的基本要素

（1）康复运动目的

康复运动目的在每个康复阶段都会有所变化，不同康复阶段的康复运动目的是不同的。

（2）康复运动类型

患者要根据身体实际情况和个人兴趣来选择适当的运动类型，同时要避免长时间重复单调动作引起的心理疲劳。

（3）康复运动强度

康复运动强度是指在康复训练过程中，肌肉在单位时间内所做的功。康复运动强度是康复运动处方中决定运动量的主要因素。现在很多医疗单位、康复机构或个人在康复训练中普遍存在着康复运动强度过大或不足的问题。

（4）康复运动时间

康复运动时间指每次康复训练持续的时间。康复训练时间不足，对机体不能产生作用，达不到应有效果；时间过长，又可能超过身体的承受能力，造成机体过度疲劳而损害身体。因此，康复运动时间应根据运动目的和运动强度来确定。

（5）康复运动频度

康复运动频度通常指一周内康复训练的次数。

（6）注意事项

以治疗和康复为目的的运动处方，应指出患者在日常训练和康复训练中要注意的各种事项。

康复训练最好在专业人员的指导下进行。一般来说应注意以下三点。一是掌握适当的训练尺度、数量和方法。训练量不够，无明显效果；而训练过量又可能造成肢体的损害，如肌肉拉伤、关节肿胀、骨折脱位，等等。所以必须掌握好这个尺度，训练量要适当。训练应一步步来，不可操之过急。活动次数要由少到多，关节活动范围要由小到大，使用的力量要由轻到重。训练量逐步增加才可能收到良好的效果。二是任何训练都不应该引起明显疼痛。有时训练中可产生轻微疼痛，但在停止活动后，疼痛应消失。如果训练时有严重疼痛感，休息后又不消失，常常是损伤的信号，要停止训练。如果训练后有剧烈疼痛现象，甚至出现下肢浮肿等症状，就表明运动过量，也应该暂时停止训练。三是训练不应感到疲劳。如有疲劳感觉时，应休息5～10分钟再训练，以免过度劳累造成伤害。

第三节　康复训练的程序

对于体能训练伤病后的康复训练，一般应按照以下程序实施。

一、训练伤病状况的评价

体能训练伤病的治疗与康复训练，应从评价开始。评价是治疗与康复训练的基础，是制定治疗与康复训练计划的依据，是评判治疗与康复训练效果的标准。评价应包括病史采集、临床检查、功能检查、放射学检查等内容。在训练伤病治疗与康复训练的过程中，应至少进行三次评价。

（一）初期评价

可全面了解患者损伤情况及其造成的功能障碍,根据评价结果制定治疗与康复训练计划。

（二）中期评价

检验治疗效果，评价即时的功能状况，修改治疗与康复训练计划。

（三）后期评价

决定能否结束康复训练，确定患者的身体状况是否恢复，是否达到重新投入正常训练的标准。

二、实施科学有效的康复训练

按照体能训练伤病的伤病状况，制定科学合理的康复训练计划，包括康复训练处方的制定，并按照处方规定的康复训练内容和训练强度科学进行康复训练。

三、康复训练效果的判断及评定

患者如果对训练伤病的病理过程与愈合规律不是很清楚，就容易导致看到早期康复训练的成果之后，容易头脑发热，盲目加大康复训练的强度，或过早恢复正常训练，结果必然是加重伤病或发生更严重的损伤。因此，在康复训练过程中，患者必须遵循伤病的病理与愈合规律，合理地安排康复训练的强度与进度。伤者只有达到相应标准之后，才能恢复正常训练或参加比赛。

（一）基本治愈标准

①临床症状消失，无疼痛、肿胀现象；

②伤者已忘记损伤的存在，在完成康复训练动作时，无不稳现象，也无任何顾虑。

（二）基本康复标准

①有关肌群的力量（爆发力和耐力）基本恢复，损伤侧的肌肉力量基本恢复，可达到健康一侧肌肉力量的90%～95%；

②相互拮抗的肌群，即作用相反的肌群，力量基本恢复平衡；

③关节活动的柔韧性较好；

④肢体的本体感觉恢复情况良好；

一般康复训练的最终目的应要求受伤部位恢复到与健康一侧相同的水平，甚至超过健康一侧的水平。以膝关节内侧副韧带中度扭伤为例，经适当固定、治疗、康复训练后，如能恢复到以下程度：

①患侧关节运动范围与健侧相同；

②关节周围的肌肉力量与健侧相等或略有增大；

③患侧腘肌与股小头肌力量的比值趋向合理化范围；

④患侧腿围为健侧的90%以上；

⑤走、跑无跛行，弧形跑或"8"字跑10次以上无不良反应。

在这种情况下伤者方可以参加正规训练和比赛，否则仍应该保持一定的康复训练，不断调整康复训练计划，以期达到最终目的。

参 考 文 献

[1] 奥利弗，赫丽.女子运动员体能训练[M].闫琪，译.北京：北京体育大学出版社，
2011.

[2] 伯格.精准拉伸：疼痛消除和损伤预防的针对性练习[M].王雄，杨斌，译.北京：
人民邮电出版社，2016.

[3] 博斯.体能训练晴雨表[M].劳石，译.北京：中华工商联合出版社，2003.

[4] 陈方灿.运动拉伸实用手册[M].北京：北京体育大学出版社，2008.

[5] 董晓虹，郭海英.实用运动处方[M].杭州：浙江大学出版社，2008.

[6] 黄志基，李娜.泡沫轴肌肉筋膜自我康复锻炼法[M].北京：北京体育大学出版社，
2011.

[7] 矫玮.运动损伤学双语教程[M].北京：北京体育大学出版社，2003.

[8] 卡德维尔.运动营养金标准[M].任青，等译.北京：人民体育出版社，2009.

[9] 李建臣.栏架组合训练[M].北京：人民体育出版社，2012.

[10] 赵平，阚竟，李坤.损伤性疼痛诊疗与康复[M].北京：北京体育大学出版社，2010.

[11] 张慧斌.实用体能训练理论与方法[M].北京：中国轻工业出版社，2010.

[12] 沈剑威，阮伯仁.体适能基础理论[M].北京：人民体育出版社，2008.

[13] 肖涛，孔祥宁，王晨宇.运动训练学[M].重庆：重庆大学出版社，2016.

[14] 田野.运动生理学高级教程[M].北京：高等教育出版社，2003.

[15] 潘华山，王艳.运动医学[M].北京：中国中医药出版社，2017.

[16] 王卫星，蔡有志.体能：力量训练指南[M].北京：北京体育大学出版社，2006.

[17] 王海源.警察体能基础教育训练[M].北京：中国人民公安大学出版社，2005.

[18] 王卫星.体能训练理论与实践[M].北京：高等教育出版社，2012.

[19] 韦勒.力量与肌肉训练图谱[M].李振华，郭雨霁，译.济南：山东科学技术出版社，
2008.

[20] 徐玉明.体能评定与发展[M].北京：人民体育出版社，2007.

[21] 袁琼嘉,谭进.体育动作解剖学分析与肌肉训练[M].北京:人民体育出版社,2015.

[22] 尹军,袁守龙.身体运动功能训练[M].北京:高等教育出版社,2015.

[23] 杨世勇.体能训练学[M].成都:四川科学技术出版社,2001.

[24] 原林,王军.筋膜学[M].北京:人民卫生出版社,2018.

[25] 张博.关于运动训练中准备活动的研究[D].北京:北京体育大学,2012.

[26] 张文栋,杨则宜.实用体能训练营养学[M].北京:人民体育出版社2014.

[27] 张英波.动作矩阵与动作模式训练解码[J].体育科研,2011,32(4):21-26.

[28] 张英波.现代力量训练方法[M].北京:北京体育大学出版社,2007.

[29] 张英波.现代体能训练方法[M].北京:北京体育大学出版社,2006.

[30] 周爱国.体能训练理论与方法[M].北京:北京体育大学出版社,2016.

[31] 张月芳.运动人体科学基础[M].广州:华南理工大学出版社,2008.

[32] 邹克扬,贾敏.运动性疾病治疗[M].北京:北京师范大学出版社2009.